KB253976

하이테크 하이터치

High-Tech, High-Touch Customer Service
: Inspire Timeless Loyalty in the Demanding New World of Social Commerce

하이테크 하이터치

High-Tech High-Touch 마이카 솔로몬 지음 · 유영훈 옮김

도서출판
두드림

CONTENTS

머리말

마셜 플림튼(실명을 쓰고 싶지만 가명 처리한다)은 '미국식 퓨전 요리'를 내는 레스토랑의 주인이다. 우리는 캐롤라이나 중부에 있는 그의 가게 근처에서 휴가를 보냈다. 마셜의 식당에 대한 후기가 옐프|미국의 지역 생활 정보 사이트. www.yelp.com|에 47개, 구글엔 12개, 트립애드바이저|여행 관련 예약 사이트. www.tripadvisor.com|엔 13개가 올라와 있다. 후기 대부분은 꽤 긍정적인 평가다.

하지만 마셜은 좋은 후기에 만족하지 않았다. 손님의 칭찬에 덧붙은 지적을 새겨듣는 대신 사소한 비난에도 분노로 대응했다. 터무니없는 분노다. 다음은 옐프에 올라온 아주 온건한 비평에 마셜이 달아 놓은 답글이다.

마셜은 내 책을 읽지 않아도 된다. 그는 고객을 상대하지 않아도 되는 새로운 업종의 일을 찾아야 한다. 하지만 다음의 분들께는 이 책을 권한다. 조직에서 이른바 '무법자 마셜'을 없애고, 오늘날의 새로운 고객과 잘 지내며 고객을 자기편으로 끌어들이고 싶은 여러분 말이다.

비록 마셜만큼 막장은 아니라 하더라도 소셜미디어에서 어이없게 서투르게 하는 대처는 고객과의 관계를 나락에 빠뜨릴 수 있는 잠재적 위험 요소다. 하지만 위험 요소가 이런 것만은 아니고, 여러분이 지금 읽고 있는 이 책 역시 소셜미디어만 다루지도 않는다. 고객을 응대하는 직원이 우리의 대책 없는 마셜처럼 행동하지 않게 하려면 소셜미디어 사용법 교육만으로는 부족하기 때문이다. '사람에 대한 훈련'이 필요하다는 게 더 적절한 설명일 것이다. 다음은 그 구체적 방안이다.

- 고객과 그들의 욕구를 이해한다. 욕구는 모호하고 언제든 바뀔 수 있다.
- 우수한 기업 문화를 조성한다.
- 직원을 이해하고, 올바로 선택하여 고용한다.

---

1 신원보호를 위해 문체와 장소 정보를 수정하였다. 원문은 더하면 더 하였지 덜하지는 않다.

그리고 소셜미디어 등 신기술을 적용한 올바른 대응 방식에 대해 배울 것이다. 고객의 의견에 반응하는 요령과 시기, 오히려 입을 닫아야 하는 상황 같은 것 말이다. 이 모든 주제를 하나씩 살펴볼 예정이다.

인간적 접촉의 힘

프랑스의 행동과학자 니콜라 게겐은 말 그대로 '인간적 접촉touch'의 힘을 증명했다.[1] 그는 이것을 분명하게 보여주었다. 약간 오싹한 측면도 있다. 실험을 통해 그는 상대의 팔을 살짝 만지기만 해도 원하는 걸 얻을 확률이 두 배 가까이 높아진다는 걸 밝혀냈다. 이 지식을 이용하면 누군가에게 자선사업 참여를 권하거나, 거리에서 우연히 마주친 매력적인 이성의 전화번호를 얻거나, 회의에서 조용한 신입사원에게 생색 안 나는 프로젝트를 떠넘길 수도 있다.

우리의 주제와 밀접한 예를 들어보자. 게겐은 슈퍼마켓에서 이러한 인간적 접촉으로 낯선 손님에게 시식을 유도하고, 이를 통해 궁극적으로 상품을 구매할 의사를 끌어낼 수 있다는 걸 증명했다. (게겐의 연구는 흥미 위주로 오용될 우려가 있다. 예컨대, 남성 운전자의 차를 세우려는 여성 히치하이커의 이상적인 가슴 크기를 알아내는 것 같은 일 말이다.[2] 따라서 이 책에선 게겐의 연구 전부를 밝히지는 않을 생각이다.)

---

1 리처드 와이즈먼, 《59초 - 순식간에 원하는 결과를 끌어내는 결정적 행동의 비밀》(웅진지식하우스, 2009년).

2 이 주석을 읽고 있는 당신은 빈틈없는 성격이 틀림없다. 그렇게 알고 싶다면 알려 주겠다. 그렇다. 기대했던 바로 그 상관성이 있다.

물론, 고객의 팔을 실제로 만질 수는 없다. 인터넷은 그게 물리적으로 불가능한 환경이고, 고객과 실제 대면한 상황에서는 오해를 불러올 수 있다. 그럼에도 불구하고 기억에 남는 고객서비스를 제공하고 싶은 우리는 '고객의 살'에 닿을 필요가 있다. 실제로 스킨십을 하라는 게 아니라 비유적인 표현이다. 이 책은 고객과 스킨십을 하고, 고객에게 도달하는 방법에 대해 다룬다.

뒤처지기 딱 좋은 시대

어떻게 하면 기술적 첨단을 달리면서 동시에 고객과 인간적 접촉을 할 수 있을까? 그리고 기술을 활용하여 '살에 닿는 느낌'을 더 효과적으로 구현할 수 있을까? 나는 이 책에서 그 방법을 보여줄 생각이다. 또한, 고객과 깃털처럼 가벼운 접촉을 유지하기 위해서 기술과 사람, 기업 문화를 올바로 활용하는 방법을 배워볼 것이다. 고객이 거슬리지 않게, 혹은 고객이 원하는 것 이상으로, 그리고 항상 (그리고 오로지) 고객이 원할 때만 말이다.

이 모든 것의 목표는 인간적인 접촉을 통해 고객의 진정한 충성을 이끌어내는 것이다. 당신도 충성 고객을 만들 수 있다.

물론 위험성은 높다. 인터넷이 출현한 이후, 즉 월드와이드웹이 광범위하게 쓰이기 시작한 1990년대 중반 이후 비즈니스 지형은 극적인 변혁을 겪어왔다. 새로운 의사소통과 유통 방식은 많은 면에서 획기적인 변화를 가져왔다. 또한 과거 혁명에서 그랬던 것처럼 분열과 혼란이 일어나고 있다.

19세기 중반 미국 사회에 닥친 변화의 바람과 유사하다. 이 무렵 미국의 촌락에서 안정적 삶을 영위하던 사람들은 큰 혼란에 빠졌다. 여러 가지 기술적 발전, 식품의 보존과 장거리 운송을 가능하게 만든 기술들 때문이었다. 소비자들은 미국 반대편에서 생산되었거나 먼 외국에서 들여온 먹을거리를 구매할 수 있게 되었다. 돌투성이 땅에 가축을 방목하거나 이런저런 작물을 길러서 지역 시장에 내다 팔아 생활하던 뉴잉글랜드 농부는 비옥한 토양을 가진 일리노이, 양羊의 천국인 뉴질랜드와 경쟁해야만 했다. 뉴잉글랜드의 농장들은 줄줄이 폐업하였다. 변화는 큰 충격을 주었다. 뉴햄프셔나 버몬트의 숲 속을 걸으면 지금도 여전히 그 시대의 버려진 농장과 주거의 흔적인 오래된 돌벽과 집터를 볼 수 있다.[1] 시詩 한 수만 떠올려 보자. 뉴잉글랜드 시골의 몰락은 미국의 시인 로버트 프로스트가 읊은 시의 배경이 되었다. 시는 울타리를 수선하는 이웃의 이야기를 담고 있다. 시대가 바뀌어 울타리 안에 가둬둘 소는 없고, 울타리의 역할이라야 겨우 양쪽 집 나무가 섞이지 않게 하는 것이 고작이다. 하지만 이웃 남자는 이 사실을 깨닫지 못하고 그저 해오던 대로 울타리를 고친다.│이웃 남자는 "울타리가 좋아야 이웃사촌"이라는 아버지의 말을 맹목적으로 따른다. 원래 이 말의 의미는 울타리가 튼튼하면 양쪽 집의 소가 섞이지 않아 싸울 일이 없어진다는 뜻이다.│

오늘날의 급변하는 기술을 따라잡지 못하면 당신도 이웃 남자처럼 되지 않으리라는 보장이 없다. 상거래의 세계에서도 너무 많은 것이 바뀌어왔고, 또 계속해서 변하고 있다. 예를 들어, 적시성適時性에 대한 생각이 그렇다. 작년 이맘때만 해도 '빠름 빠름'이라며 좋아했던 것을 지금은 '굼벵이가

1　오래된 담장과 집터를 찾아 숲속을 배회하는 걸 좋아하지 않는다면 안락의자에 앉아서 빌 브라이슨의 《거의 모든 사생활의 역사At Home: A Short History of Private Life》(까치글방, 2011년)를 읽어도 좋다. 19세기 중반의 이러한 변화를 잘 설명한다.

기어간다'며 불평한다. 왜냐하면 모바일 기술과 쉼 없이 돌아가는 소셜미디어, 아마존닷컴처럼 놀라운 효율성을 가진 판매자와 다른 여러 요소로 인해 고객의 기대치가 높아졌기 때문이다. 고객에게 외면받지 않으려면 뇌세포와 시간과 자금을 아낌없이 투자해야 한다. 디지털로 연결된 글로벌 세상의 무한경쟁이다.

일상이 된 인터넷

잠시 숨 좀 돌리자. 안 그랬다가는 첨단 기술이고 고객서비스고 뭐고 자포자기의 심정으로 나 몰라라 하게 될지도 모른다. 요즘은 스마트폰으로 당장 마실 커피도 살 수 있는 하이테크 세상이다. 인터넷으로 비즈니스를 한다는 건 전기를 쓴다고 말하는 것만큼이나 당연한 일이 되었다. 이 말은 곧 디지털을 노련하게 다루는 일이 자연스러운 비즈니스 환경이 될 만큼 충분히 편안해야 한다는 거다. 마치 할아버지 할머니 세대에는 '두꺼비집에서 전기를 따서 쓰는' 것이 굉장한 일이었지만 이제는 너무 당연해진 것처럼 말이다. 이것이 암시하는 바는 두 가지다.

첫째, 우리는 고객서비스의 핵심과 변치 않는 원칙을 공부해야 한다. 하지만 하루가 다르게 변화하는 인터넷 세상에서 멍하니 손을 놓고 있지는 말아야 한다.

둘째, 다양한 종류의 인터넷과 모바일 기술, 소셜미디어, 무인자동화서비스 기술이 이제는 고객서비스와 절대로 분리할 수 없는 손발이 되어버렸다는 사실을 깨달아야 한다. 과거로 돌아갈 다리는 끊겼다.

나는 이 책에서 쉽지 않은 도전을 할 것이다. 당신이 변화의 속도를 따라

잡도록 만들 생각이라는 얘기다. 고객이 바라는 행동을 하고, IT 혁명의 최전방에 머물도록 만들 것이다. 그렇지만 아기나 다름없는 당신을 디지털 욕조에 바로 풍덩 던져 넣지는 않겠다. 이 책은 트위터만 알면 고객서비스는 끝난다고 주장하는 여느 책들과 다르다. 고객의 행동 양식과 고객이 바라는 기업과의 관계는 더 광범위하고 복합적인 문제다. 전자신문과 경제신문은 매일 같이 '오늘날의 소비자'에 관한 답답한 일반화와 진부한 설명을 늘어놓지만 그건 그냥 뻔한 소리일 뿐이다. 이 책은 우리가 사는 3차원 세상에서 두 다리로 걷고 열 손가락으로 키보드를 치는(아니면 엄지손가락 두 개로 스마트폰 화면을 두드리는) 고객과 비즈니스를 하는 방법을 알려준다.

괴짜 과학자 니콜라 게겐이 옳았다. 이 시대든 저 시대든 모든 소비자에게 공통된 게 하나 있다. 우리가 고객의 감정과 스킨십하는 법을 배운다면 고객은 응답할 것이다. 이용자의 편의를 우선적으로 고려한 웹사이트나 올바로 설계된 무인단말기는 고객과 멋진 연애를 하는 도구가 될 것이다. 고객과 얼굴을 직접 맞대거나 심지어 편지(편지 기억해요?)를 쓸 수도 있다. 고객에게 좋은 인상을 남기는 방법을 배워야 한다. 고객을 처음 만나서든, 고객이 당신을 인정한다는 의미로 다시 찾아왔을 때든, 아니면 고객이 불만을 표출했을 때든 그들에게 좋은 인상을 남기는 것은 이 시대가 원하는 결정적 기술이다. 이것을 할 수 있는 기업은 브랜드 가치를 높이고 시장에서 차별화를 이룬다. 기술 평준화와 해외 생산으로 차별화 요소는 줄어들고, 기업들은 끝 모를 '군비경쟁'을 하는 현재 상황에서 긴급한 과제가 아닐 수 없다.

예측 고객서비스의 탄생

고객에 대한 인간적 접촉의 여파를 강력하고 길게 남기려면 고객의 개인적이고 구체적인 욕구와 욕망을 가장 우선해야 한다. 자발적이면 가장 좋다. 나는 이것을 '예측 고객서비스anticipatory customer service'라고 부른다. 당신의 사람들, 업무 체계, 그리고 기술을 활용하여 힘을 다해 구현해야 한다. 쉽게 기억할 수 있도록, 조금 멋쩍지만 운율을 넣어보았다.

예측할 수 있다면
차별화할 수 있다.
집처럼 편안하다면
고객은 떠나지 않는다.

간단히 말하면, 당신의 사업을 계속 지탱해줄 경쟁우위를 만들려면 고객서비스를 탈바꿈시켜야 한다. 고객이 묻기 전에, 자신의 욕망을 깨닫거나 표현하기도 전에 미리 원하는 바를 예측할 수 있다면 그들은 절대로 다른 곳을 기웃거리지 않을 것이다. 예측 고객서비스의 특성은 다음과 같다.

- 고객이 다른 곳을 보거나 목소리를 높여 요구하기 전에 그들이 찾고 있는 제품과 서비스를 제공한다.
- 책정된 가격은 시장에서 높은 편이든 낮은 편이든 중간이든 간에, 소비자의 관점에서 공정하다고 생각되는 금액이어야 한다.
- 고객의 세부 정보를 이미 알고 있다면 이를 통해 고객에게 소속감을 부

여할 수 있고, 같은 정보를 또 입력하지 않도록 해 고객의 시간과 노력을 절약할 수 있다. 또 이것을 활용하여 또 다른 가치를 제공하는 것도 가능하다. 이를테면, 고객의 성향에 맞는 관련 구매를 제안할 수 있다. 이 단계까지 나아가야 마땅하지만 쉽지는 않은 일이다.

내 쉴 곳은 내 집뿐

내 집 같은 편안함을 제공한다면 고객이 다른 곳에서 서성댈 이유가 없다. 내가 과거에 살던 원룸 아파트처럼 싱크대에는 설거지거리가 쌓여 있고 쓰레기통은 넘쳐나는 곳이 아니라 이상적 가정을 말하는 것이다. 그러니까 고장 난 전등은 마법처럼 바로바로 수리되고, 냉장고에는 딱 맘에 들게 식료품이 갖춰져 있는 그런 가정에서 자라는 아이와 같은 느낌을 고객에게 주어야 한다. 학교에 갈 때 배웅해주고, 돌아오면 따뜻하게 맞아주는 '우리 집'. 그런 곳을 왜 마다하겠는가?

'내 집 같은 편안함'이라는 개념은 내가 리어나도 인길레리와 함께 쓴 《왜 그들의 서비스에 사람들이 몰릴까?》에서도 소개하였다. 이는 리츠칼튼 호텔의 설립자인 호스트 슐츠의 혜안에서 나온 개념이다. 슐츠는 리츠칼튼 브랜드를 설립하기 위해 일군의 실력 있는 언어학자들과 일했다. 최고급 호텔이 '그저 집 같은' 느낌이기를 바란다는 고객의 말에 담긴 의미를 밝혀내려고 수차례 설문조사를 통해 분석하였다. 마침내 슐츠와 언어학자들은 그 속에 숨겨진 뜻을 알아냈다. 손님들이 찾고 있는 건 부모님이 관리하는 집 같은 숙박 시설이었다. 나는 고객의 진정한 충성을 이끌어내는 고객 경험에 관해 이보다 더 나은 비유를 아직 찾지 못했다.

기술이 만드는 충성 고객

좋은 소식이 있다. 기술이 예측을 가능하게 한다. 기술은 '집안 관리'를 훨씬 수월하게 하며, 우수한 혜택을 더 쉽게 제공하게끔 돕는다. 예를 들어, 고객맞춤형 '자동 알림 메시지'(제10장 참조)는 고객의 욕구보다 먼저 반응하게끔 (즉 '선반응'하게) 돕는다. 디지털 통신 혁명 전에는 불가능한 일이었다. 애플과 같은 기업이 매우 훌륭하게 사용하는 '예측적 설계'(제4장 참조)는 고객의 삶을 심플하게 하는데 효과적이다. 잘 디자인된 '나의 계정My Account' 메뉴를 비롯한 여타 '무인자동화 기술'(제8장 참조)은 고객이 상당량의 일을 직접 하도록 만든다. 심지어 기업이 열심히 해야 할 일까지도 말이다. 고객은 자신의 정보를 포함한 세부 사항들을 직접 입력하는데, 회사는 이것을 계속 파악함으로써 예측을 더 쉽게 할 수 있게 된다. '전자적 경청 수단'(제13장 참조)으로 귀를 쫑긋 세워보자. 고객은 기업의 개선 방향과 방법을 전보다 더 직접적으로 알려줄 것이다. 미래를 예측하는 서비스를 가능하게 하는 훨씬 빠른 피드백 순환이 생겨나는 것이다. 그리고 일단 예측 고객서비스로 고객을 기쁘게 하면, 고객은 소셜미디어를 통해 과거보다 훨씬 빠르게 입소문을 퍼뜨릴 수 있다(제11~13장 참조).

올바로 적용된 기술은 고객을 중요하게 생각하는 회사의 믿음직한 친구다. 하지만 오로지 기술만 있는 회사는 거의 예외 없이 인간적인 느낌을 잃고 차별성을 상실한다. 기술은 사람을 필요로 하고, 올바른 기업 문화는 직원이 최선을 다하도록 독려한다. 그 결과, 기술이 효과적으로 고객의 살갗에 닿고 그들의 마음을 울릴 수 있는 것이다. 10여 년 전과 비교해 보자. 뛰어난 고객서비스의 근본과 핵심은 달라지지 않았다. 다만 더 빨라지고 더 투명해졌을 뿐이다. 더 획획 변한다. 자비가 없으며, 순식간에 전파되고 확대된다. 하지만 여전히 사람이 만들며 사람을 위한 것이다.

서비스를 주고받는 양쪽 모두에서 중심은 사람이다. 그렇기에 이 책도 사람에게 가장 먼저 간다. 함께 오늘날의 소비자를 살펴보자.

이 책의 구성

이 책은 크게 세 부분으로 구성된다. 제1부의 제목은 '시의적절한 도움과 변치 않는 가치'다. 여기서는 올바른 고객서비스의 기본을 살피며, 현재와 과거를 막론하고 잘못된 고객서비스가 불러오는 파국을 보여준다. 제2부의 제목은 '하이테크 하이터치 예측 고객서비스'다. 고객의 진정한 충성을 이끌어내는 수준의 고객서비스를 하려면 무엇이 필요한지부터 살펴본다. 올바른 직원과 기업 문화, 기술을 통해 고객의 욕구를 예측하는 것이다. 제3부는 '셀프서비스와 소셜미디어의 시대'이다. 무인자동화서비스, 소셜미디어, 전자 방식 등 소비자 입력의 전반적인 경향을 상세히 소개함으로써 기술적 시야를 넓힌다. 더불어, 이 분야에서 경쟁자를 따돌리는 방법도 알려준다.

총 13개의 각 장章 끝에는 요약정리가 달려있다. 각 장의 내용을 빨리 파악하거나 기억을 환기하는 용도다.

Part I

변화하는 것과 영원한 것

제1장

변화하는 고객

교감하기가 힘들다

고객서비스는 연애와 비슷하다. 어이없게 들릴 거라는 건 알지만 그래도 조금 더 읽어보길 바란다. 1~2분이면 큰 개념은 잡을 수 있다. 하지만 세세한 부분까지 터득하려면 평생을 바쳐야 할지도 모른다. (게다가 혼자 노력한다면 절대로 그림 전체를 보지는 못할 것이다.)

고객서비스를 제대로 하려면 끊임없이 노력해야 한다. 고객의 기대와 욕망이 끝없이 변하기 때문이다. 실제로 당신의 고객은 당신이 아는 그 고객이 아니다. 당신에게 로레나 윌리스라는 단골손님이 있다고 가정해 보자.

아침 10시 30분이 조금 지난 쌀쌀한 시간이다. 콜센터 상담원 중 한 명이 로레나의 전화를 받는다. 상담원은 업무 처리 과정, 기술, 지원 소프트웨어 덕분에 로레나의 과거 기록을 꿰차고 있다. 작년에 무엇을 구매했는지(전자레인지와 세라믹 부엌칼 세트를 샀다), 선호하는 배송 방법 같은 일반적 취향도 알고 있다.

그러나 이게 끝이다. 실제로는 로레나 윌리스에 대해서 더 아는 것이 없다. 우리 모두처럼 그녀도 달라졌다. 로레나는 불경기 이후로 바뀌었다. 1주일에 8일, 하루 25시간 인터넷에 매달리게 된 다음부터, 모바일기기가 폭발적으로 증가한 다음부터 말이다.

로레나는 어떻게 달라졌을까? 고객서비스의 개선 방향에 대한 힌트를 얻기 위해 시장에서 주목받고 있는 주요 주제들을 살펴보자.

오늘날 가장 중요한 고객 트렌드는 개인적 변화

다양한 일반적 트렌드를 말하기에 앞서 한 가지 짚고 넘어가려 한다. 이번 장처럼 트렌드를 다룰 때 십중팔구 간과되는 것이다. 고객을 변화시키는 가장 중요한 요소는 '개인적인' 변화이다. 로레나는 더 부유해졌나? 더 가난해졌나? 요즘 홀로 지내는가? 결혼을 했나? 애완동물을 새로 들였나? 반려동물이 죽어서 슬픈가? 당신 회사가 의욕이 넘치든 규모가 어떻게 되든, 구매하는 건 고객 '개인'이다. 고객 집단이나 시장의 일부가 아니다. 개인 고객의 개별적 기호를 존중하며, 개인 고객을 개인으로 다루는 법을 배우는 것이야말로 사업 성공의 열쇠이다. 하지만 사업 거래량이 많고 장기 계획을 세워 움직이는 회사라면 시장의 기본 트렌드를 아는 것 또한 필수적이다.

고객 트렌드 1: 고객은 즉각적인 통합 정보와 예측 반응을 기대한다

얼마 전에 내 오래된 볼보 승용차의 배터리가 다 되는 바람에 카오디오에 기억시켜 둔 라디오 채널 정보가 지워졌다. 운전하면서 듣는 방송의 주파수를 손으로 직접 찾는 수밖에 없었다. 하지만 단축 번호를 다시 등록하려니 여간 짜증스러운 게 아니었다. 며칠 내내 머릿속에 이런 생각이 맴돌았다. "아니, 내 차는 이것 하나 알아서 기억하지 못하나? 날마다 같은 채널만 듣잖아." 볼보에다가 '선호 채널 자동 설정 기능' 같은 걸 좀 넣으라고 건의하고 싶었다.

내 차는 2004년 모델이고, 2004년에 만들어진 차들은 그런 식으로 '생각'하지 못했다. 고객들도 그랬고. 하지만 이제 사정이 달라졌다. 고객들은 자동차가, 그리고 자동차 회사가 이렇게 말해주길 기대한다. "고객님, NPR 방송을 자주 들으시는군요. 나중을 위해 채널 정보를 기억해 두겠습니다."

고객은 이제 자신에게 맞춰 개인화된 통합 정보와 예측 반응을 바로 서비스받기를 기대한다. 고객의 기대치가 얼마나 크게 바뀌었는지 살펴보라. 그동안 여행자는 호텔 콘시어지나 벨보이, 혹은 친절한 현지 주민에게서 아쉬운 대로 필요한 정보를 얻어왔다. 하지만 모바일 기기가 보급된 덕분에 이제는 자신의 스마트폰 화면 위에서 답을 얻을 수 있다. 가까운 곳에 있는 괜찮은 이탈리아 식당은? 거기까지 가려면 지하철 몇 호선을 타야 하지? 도착해선 몇 번 출구로 나가는 게 가장 빠를까? 방금 도착한 이 나라에서는 이성과 악수해도 되나?

이것은 우리가 몇 년 전까지 사용하던 방법(호텔 방에서 노트북 컴퓨터를 꺼내 인터넷 케이블을 찾아 연결한 후 호텔 네트워크에 접속하는 것)과 비슷하지만 큰 차이

가 있다. 명확히 말하면 정보를 더 편리하게 사용할 수 있도록 통합하는 것이다. 오늘날의 고객에게 인터넷 서핑, 그러니까 무언가를 찾기 위해 인터넷 세계를 돌아다니는 것은 너무나 귀찮고 시간을 낭비하는 일이다. 요즘 고객은 더 쉽고 더 즉각적이고 더 직관적인 경험을 제공하는 기술을 기대한다. 그들은 글자 몇 개를 치거나 화면을 몇 번 터치하기만 하면 컴퓨터가 알아서 IP 주소나 현재 위치, 혹은 다른 단서를 이용하여 필요한 정보를 찾아 대령해주길 원한다. 호텔 콘시어지처럼 말이다. 힙멍크^{|여행 관련 예약 사이트 www.hipmunk.com|}가 그렇다. 힙멍크는 다양한 여행 옵션을 보여주고, 공항 대기 시간이 너무 길거나 다른 문제가 있을 때 이를 미리 경고한다. 그리고 실제 목적지에 가까이 있는 호텔들을 알려준다. 고고봇^{|여행 정보 사이트 www.gogobot.com|}도 있다. 이곳에서는 페이스북과 트위터 친구들이 평가한 다양한 여행 계획을 살펴볼 수 있다. 여행에 관련된 모든 것에 대한 사용자 평가를 확인할 수 있는 트립애드바이저^{|여행 관련 예약 사이트 tripadvisor.com|}도 빼놓을 수 없다.

경영 컨설팅 회사 액센추어_{Accenture}의 한 연구 결과에서도 이러한 경향이 잘 드러난다. 사람들은 상품에 관한 질문을 점원에게 하기보다 스마트폰에서 해결하는 걸 좋아한다.[1] 이런 말 하긴 그렇지만, 스마트폰의 대답이 더 빠르고 정확한 것 같은 데다 덜 부담스럽다(직원의 태도에 대한 내용은 기업 문화 창조와 고용 부분에서 다룰 것이다).

전반적으로 고객의 기대치 역시 급격하게 높아졌는데, 모바일 컴퓨팅과

---

1 액센추어 뉴스룸, "더 싼 물건을 찾기 위해 스마트폰을 사용하는 추세가 고객과 상점의 관계에 변화를 일으키고 있다."

hipmunk
FLIGHTS   HOTELS   EXPLORE   MOBILE »   DEALS »
dodream@na...
N.Y.C.::Jan 21 - Jan 23
Where   New York City, NY
Check In   Jan 21
Check Out   Jan 23
1 room   2 people   Search
All
Business
Kid Friendly
Luxury
Romantic Getaway
boken
New York
view more map
Search Hotels
Price
$ BUDGET
$$ MID-RANGE
$$$ PRICEY
Stars
& up
Reviews
& up
Property Type
APARTMENT   HOSTEL   HO
HOUSE   PRIVATE ROOM
Amenities
Sort by: Ecstasy   Price   Stars   Reviews   Bookmarks   Hotels 1—10 of 37
Affinia Shelburne
2490 reviews
hide details
$199
$175
Select
1 ROOM LEFT!!!!!
EasyToBook.com $175   Hipmunk $180   Expedia $179
Travelocity $179   Hotels.com $179   Agoda.com $179
Priceline $180   Booking.com $180   Getaroom $1248
Hotel Details   Reviews
With a stay at Affinia Shelburne, you'll be centrally located in New
York, minutes from The Morgan Library and Museum and Chrysler
Building. This 4-star hotel is close to Empire State Building and
Times Square. Make yourself at home in one of the 325 air-
conditioned rooms featuring LCD... see full details
Amenities
air-conditioned   fitness center
airport shuttle   golf
bar or lounge   kitchenette
business center   pets allowed
casino   pool
gogobot   Find Places or People ...   Home   Destinations   Tribes   More   Younsang
Created by
Melissabeth
Kravitz
12 places to feel like a star: locations of famous NYC
movies
Whether your a visitor or a local, it's always fun to see a place (or a person!) you recognize from a favorite film.
Some of us like the nostalgia that comes by walking near a location featured in a famous scene, while others
are ready to Instagram themselves re-enacting a canonical proposal. Regardless of what you want to do in your
Hollywood dreams, here's a list of some iconic NYC movie spots.
Tweet   0   Like   0   Pinit   tumblr
Grid View   Map View   Get a Widget   Save Guide
Restaurant
1 John's Pizzeria
Melissabeth Kravitz's rating:
Not to ruin an iconic NYC movie with a spoiler, but an
iconic moment in Woody Allen's "Manhattan" happens
here. The pizzeria also features tons of pictures of...
more
Attraction
2 Columbia University
Melissabeth Kravitz's rating:
Different buildings of this Ivy League school have been
featured in several Hollywood Films. The rotunda at
Low Library was an important place for plotting
during... more
Restaurant
3 Cafe Lalo
Melissabeth Kravitz's rating:
"The cafe Europeans would love to have in Europe" is
offset on a quiet and romantic block on the Upper
West Side, and is most recognized from a date night
in... more
Attraction
4 FAO Schwarz
Melissabeth Kravitz's rating:
This huge toy store has been featured in several films,
but perhaps the most memorable is "Big" in which
Tom Hanks plays a child in an adult's body, ready to
mess... more
Attraction
5 Tiffany & Co. New York - Fifth Avenue
Melissabeth Kravitz's rating:
Many young girls fall in love with NYC upon watching
the Audrey Hepburn film "Breakfast at Tiffany's"
Though this iconic jewelry store doesn't feature a...
more
Attraction
6 New York Public Library
Melissabeth Kravitz's rating:
John's Pizzeria
278 Bleecker St, New York, NY 10014
11 reviews
More about this place →
New York

개선된 네트워크 연결성에 더하여 아마존닷컴이 핵심적 역할을 했다. 아마 존닷컴은 실재고 확보와 익일 입고 능력에서 전례 없는 수준에 도달한 것 이다. 주문이 완료되면 몇 분 내에 전국에 전략적으로 위치한 창고 중 한 곳에서 배송 운송장이 작성된다. 이 창고들은 아마존닷컴 소유거나 UPS- 아마존닷컴과 협력 관계에 있다.[1] 물론, 야간 주문 처리 같은 서비스는 단 지 시작에 불과하다. 예를 들어, 빠르게 성장하고 있는 고용량 파일 전송 서비스 업체 하이테일|www.hightail.com|은 '다음날 배송? 그게 최선입니 까?'라는 슬로건으로 페덱스 같은 특급배송회사들을 비웃는다.

고객 트렌드 2: '수치심 변화'와 가치지향 구매

'수치심 변화shame shift'라는 용어를 매리엇인터내셔널의 라이프스타일 브랜 드 부사장인 제이 콜드런에게서 배웠다. 이것은 오늘날 소비자의 마음에서 중요한 부분을 차지하는 트렌드다.

경제위기가 오기 전에는 보란 듯이 지갑을 여는 과시적 소비도 문제없었 다. 초대형 평면텔레비전을 사고, 열대 휴양지로 여름휴가를 떠났다. 경제 적 능력을 갖춘 소비층은 이런 삶을 즐겼다.

그런데 지금 이런 행동은 분별없는 행동, 심지어 낯 뜨거운 짓으로 여겨 질 것이다. 소비자의 마음가짐이 달라졌다. 경제적 능력을 과시하는 것이 자랑에서 부끄러움으로 바뀌었다. 하지만 예외가 있다. 누구 말마따나 예

---

1 안타깝게도 아마존닷컴은 물류 현장의 작업자를 쥐어짜서 이러한 놀라운 속도를 내는 것 같 다. 훌륭한 기업 문화를 추구하는 회사로서는 문제가 있는 접근법이다. 시드니 상Sydney Award 을 수상한 다음의 폭로 기사를 읽어볼 것. www.mcall.com/news/local/amazon.

외 없는 법은 없다.

"지금은 애착감attached meaning이 소비의 이유가 되어 준다."

제이가 말하는 '애착감'이란 무엇인가? 여러분 주변에도 커피 한 잔에 5달러를 기꺼이 지급하는 사람들이 있을 것이다. 커피숍은 그 5달러 중 일부를 떼어 열대우림 보호에 쓴다. 이런 현상은 의미심장하다. 소비자 동향에 관한 한 연구는 소비자가 구매 결정을 할 때 '더 신중하고 목적 있게' 행동하는 추세라고 확인해 준다.[1]

제이는 말한다.

"과시적 소비는 더 의식 있고 실용적인 소비로 바뀌었다. 선택적 소비가 폭탄 세일 현장의 '묻지마 구매'를 대신하고 있다."

또 다른 연구에 따르면 미국 소비자의 87퍼센트는 기업이 순수 사업 이익만큼 공동체의 이익도 고려해야 한다고 여긴다.[2] 소비자는 기업의 가치가 자신의 가치와 통하길 바란다. 이런 소비자 정서는 선택적 구매를 통해 표현된다. 세계적인 광고회사 영앤드루비캠Young & Rubicam의 수석기획자 존 거제마는 소비자 정서에 대한 방대한 자료를 근거로 경제 월간지 〈Inc.〉의 대기자大記者 리 뷰캐넌에게 이렇게 말했다. 71퍼센트의 사람이 "자신과 가치를 공유하는 기업의 제품을 구매한다"는데 공감한다는 것이다.[3]

---

1 "The New Consumer Behavior Paradigm: Permanent or Fleeting?" 2010 PricewaterhouseCoopers LLP/ Kantar Retail.

2 Andrew Adam Newman, "A Direct Approach to Disaster Relief From Procter & Gamble," New York Times, quoting study by PR firm Edelman, June 3, 2011, p. B3.

3 Leigh Buchanan, "Decoding the New Consumer," Inc., September 2010, p. 159.

고객 트렌드 3: 유행에 휩쓸리지 않는 고전적 가치

오늘날의 소비자는 '시간이 흘러도 변하지 않는 가치timelessness'를 원한다. 경제위기가 심각해지면서 나타난 특징이다.

영앤드루비캠의 거제마가 지적한다.

"미국 노동자 절반 이상이 해고나 인원 감축, 급여 동결, 단축근무 등으로 인해 수입 감소의 고통을 겪어왔습니다. 이런 고통을 받은 우리는 좋은 삶이 무엇인지 다시 생각하게 되었습니다. 사람들은 과거 시대의 관점에서 행복을 찾고 있습니다."

사례를 찾기는 쉽다. 도심과 교외에 사는 주부들이 정부의 토지 용도 규정을 무시하고 앞마당에서 직접 암탉을 기르고 있다. 소고기 공동구매도 있다. 몇 집이 소 한 마리를 사들여 나누는 것이다. 영국 여왕이 애견을 산책시킬 때 신는다는 헌터 장화Hunter boots의 유행도 한 예다. 이 오래된 신발은 훌륭한 품질의 상품에 진정성 있는 이야기를 엮었다. 그 결과는 '대박'이었다. 고객은 '핫'해질 수 있는 오래되고 친근한 물건을 찾는다. 배경 이야기 즉 제품의 역사는 소비자에게 더욱 중요해졌다.

"사람들은 고전적인 것을 찾고 있습니다."

실내장식 디자이너이자 인터넷 스타인 맥스웰 질링엄라이언www.apartmenttherapy.com의 말이다.

"이 시대를 사는 사람이라면 전통에 대한 열망에 공감할 것입니다.[1]"

하지만 소비자가 적시성, 그러니까 시의적절한 도움이 없을 때도 고전적

---

1 Emily Weinstein, "All That Authenticity May Be Getting Old," New York Times, October 27, 2011, Home & Garden section.

가치를 받아들일 거라는 바보 같은 생각은 하지 마라. 소비자는 조금만 불편해도 흥미를 잃기 때문에 디지털 세대의 조급한 시간표를 따라가야 한다. 예를 들어, 미국의 레트로 빈티지 인테리어숍 체인 레스트레이션 하드웨어|www.restorationhardware.com|는 고전적 가치라는 트렌드에 완벽하게 포지셔닝되었다. 하지만 아이패드 앱이 필요하며, 아무리 멀리 떨어진 고객에게도 익일 배송이 가능해야 한다. 홍차 브랜드 트와이닝스Twinings의 표어는 우리가 지금 찾고 있는 것을 아주 잘 표현한다.

"15분의 여유, 300년의 전통Your 15-minute break, 300 years in the making".

고객 트렌드 4: 소비자 권한의 강화

최근에 소비자는 기업과의 관계에서 우위에 섰다고 느끼며 기업이 이런 분위기에 부응하길 기대한다. 만약에 그러지 않는 회사가 있다면 가만 놔두지 않는다. 소비자는 회사가 고객의 의견에 귀 기울이고 잘 반응해주길 기대한다. 나도 그렇게 하라고 권한다. 원하든 원치 않든 피드백은 올 것이기 때문이다. 과거에는 짜증이 난 손님이 가게에 들러 점장에게 한바탕 잔소리를 늘어놓곤 했다. 아니면, 상황을 바꿀 수 있는 고위 임직원의 주소를 애써 알아내 분노의 편지를 써대기도 했다. 그러다 인터넷이 등장하면서 소비자의 권한이 강화되었다. 온라인에 바로 댓글을 달거나 불만사항을 이메일로 보낼 수 있게 된 것이다.

지금은 이런 방법조차 느리고 뒤처진 것처럼 여겨진다. 기술이 발달하면서 고객의 짜증을 더 빠르고 순식간에 전파하는 방법들이 등장했기 때문이다. 증거물 제1호는 물론 트위터다. 트위터 사용자는 트위터에 직접 140

자 이내의 글을 쓰거나 좀 더 긴 글이 있는 곳의 링크를 공유해서 불만을 재치 있게 혹은 강력하게 표현할 수 있다. 그의 글을 읽는 사람이 많다면 금세 회사의 시선을 끌 것이다. 이것으로 끝나지 않는다. 글을 읽고 동감한 사람들은 이를 다시 자신의 팔로워에게 재전송(리트윗)할 것이다. 오래 지나지 않아서 한 사람의 불만에 많은 사람이 공감하게 된다. 정신이 번쩍 든 회사는 처음에 불만을 제기한 이의 목소리에 귀를 기울인다.

소비자는 자신의 권한이 빠른 속도로 강화되고 있다는 걸 안다. 그리고 이런 상황에 맞춰 회사가 고객의 불만을 해결해줄 것을 기대한다. 달리 말하면, 이제 회사와 고객은 동등해졌다는 걸 이해하고 준비해야 한다는 거다. (더 자세한 건 제11, 12, 13장의 소셜미디어에 관한 내용에서 다룰 예정이다.)

고객 트렌드 5: 녹색 소비자

'녹색' 트렌드는 그 영향력이 시대에 따라 사람에 따라 달라지고 있지만, 현대 소비자의 기본적인 정서로 자리 잡은 것은 분명하다. 연령층이 낮을수록 녹색에 더 민감하므로 녹색 트렌드는 앞으로 더욱 강화될 것이다. 그러니 당신의 고객은 환경 문제에 관심이 많다고 생각하고 사업을 운영하는 편이 현명하다. 예를 들어, 당신 회사의 제품이 과대 포장되어 있다면 환경 문제에 관심이 많은 소비자는 매우 싫어할 텐데 그 사실을 공개적으로 표현하지 않아 당신은 모를 수도 있다.

소비자와 직접 소통하는 고객서비스 부서는 환경 문제를 심각하게 고려해야 한다. 예를 들어, 고객이 주문한 부피 큰 물건이 약간 하자가 있는 상태로 배달되었다고 가정하자. 환경 문제에 민감한 고객이라면 제품교환보다는 할인혜택을 받고 싶어할 것이다. 제품을 교환하기 위해 탄소를 발생시키기 싫기 때문이다. 이런 고객에게 배송이 늦어진 것에 대한 보상으로 별 필요없는 물건을 주겠다고 하면 고맙다는 소리를 듣기보다는 불쾌감을 주기가 더 쉽다.

고객 트렌드 6: 무인자동화서비스

'셀프서비스'는 고객서비스 분야에서 아주 강력한 트렌드다. 인터넷 전자상거래, IVR[1], 공공장소에서 주변 정보를 알려주는 터치스크린 안내판, 탑승자가 직접 출력하는 전자항공권 등 사례는 넘쳐난다. 이를 무시하거나, 마지못해 쫓아가거나, 혹은 거스르는 회사는 경쟁에서 도태될 것이다. 셀프서비스가 대세가 된 이유는 다양하다. 우리네 삶은 24시간 바쁘게 돌아가고, 소비자는 점점 더 기술에 익숙해지고 있다. 대인 관계를 불편해하는 일부 소비자는 직접 얼굴을 맞대거나 전화 통화를 하기보다는 기계를 상대하는 것을 더 좋아한다. (셀프서비스를 제공하는 올바른 방법에 관해서는 제8장에서 심도 있게 다룰 것이다. 물론 이를 무시하는 것은 자유지만 결과는 책임질 수 없다.)

---

1 Interactive Voice Response systems: 대화형 음성 자동 응답 시스템. 우리가 전화 ARS라고 알고 있는 것이 사실은 IVR인 경우가 많다. IVR은 쌍방향 장치이기 때문에 주민번호와 같은 정보를 입력할 수 있다. 반면, ARS는 '자동 응답 시스템'의 줄임말로 단순한 음성 안내나 내선 교환만 가능하다—옮긴이.

＊　＊　＊

소비자는 끊임없이 변화한다. 그렇다면 고객의 변덕스러운 요구를 어떻게 따라잡을 수 있을까? 게다가 사람들은 모두 다르다!

내 대답은 이것이다.

"질문하라."

일단 고객과 진정한 친밀감을 형성하고 나면(이 책의 내용은 대부분 여기에 관한 것이다) 미래를 위한 가장 중요한 발판이 놓인 셈이다. 진정한 충성 고객은 시시각각 변화하는 자신의 요구와 기대를 알려주고 싶어 한다. 그리고 그 방법도 알려줄 것이다.

'물어보면 다 된다'는 건 아니다. 고객을 계속 주시하고 이해하는 일은 어렵다. 지치고, 말 그대로 끝없는, 혼란스럽기까지 한 일이다. 〈뉴요커〉 잡지에서 와인을 고르는 남자를 그린 만화를 본 적이 있다. 그는 와인 목록을 살피며 일행에게 이렇게 말한다.

"난 샤르도네가 좋아. 하지만 '피노 그리지오'라고 말하고 싶어."[1]

소비자는 어떤 심리적 이유로 원치 않는 것을 기꺼이 구매하기도 한다. (정말이다. 흔한 일이다.) 좋은 인상을 남기려고, 새로운 시도를 해보려고, 추억 때문에, 혹은 '피노 그리지오' 같은 멋진 이탈리아 단어를 발음해보고 싶어서 그러기도 한다. 그렇다. 고객이 원하는 것이 무엇인지 알 수 있는 어떤

---

1 '샤르도네Chardonnay'와 '피노 그리지오Pinot Grigio'는 모두 화이트와인 포도 품종이다. 샤르도네는 미국 사람이면 누구나 아는 흔한 품종이지만 피노 그리지오는 와인 애호가들이 즐기는 흔치 않은 품종이다. 레스토랑에서 '스테이크'가 먹고 싶은데 폼 재느라고 '뵈프 부르기뇽'을 주문한다는 것과 같다—옮긴이.

절대적인 법칙 같은 건 없다.

그건 정말로 불가능하다. 고객과 친밀감을 형성하게 해주는 수학공식 같은 건 없다. 그것을 찾으려는 노력 자체가 어리석다. 고객서비스라는 게임에서 이길 수 있는 가장 기본적인 비결은 묻는 것이다. 항상 고객에게 묻고 그들의 생각을 존중하라. 어제의 경험이 오늘도 유효할 거라고 절대 믿지 마라. 수많은 밤을 끊임없이 고민하라.

요약

▶ 당신은 고객을 안다고 생각하겠지만 그렇지 않기가 쉽다. 고객의 욕구는 끊임없이 변하고 있기 때문이다. 가장 중요한 변화는 개인적인(특정 고객만의 고유한) 것이다. 하지만 고객서비스에 영향을 주는 여섯 가지 트렌드를 계속 주시하는 것은 도움이 된다.

❶ 고객이 정보를 찾도록 하지 말고 고객 앞에 바로 대령하라. 요즘 고객은 쉽고 즉각적이고 직관적인 경험을 제공하는 기술을 기대한다.

❷ 이제 과시적 소비에 정당성을 부여하는 건 오직 '애착감'뿐이다. 전반적인 소비 경향은 선택적 소비로 가고 있다. 또한 소비자는 기업과 자신이 추구하는 가치가 상당 부분 일치하길 바란다. 기업 활동의 목적이 이윤 창출뿐만 아니라 사회적 공헌에도 있어야 한다고 여긴다.

❸ 고객은 유행을 넘어서는 고전적 가치를 높이 평가한다. 배경 이야기가 있는 물건들 말이다. 그렇지만 고객이 적시성, 시의적절한 도움이 없을 때도 고전적 가치를 받아들일 거라는 바보 같은 기대는 말아라. 우리가 사는 시대에 어울리는 기술과 속도를 유지해야 한다.

❹ 소비자는 회사와의 관계에서 자신의 강해진 파워를 느끼고 있다. 고객은 기업이 이런 추세에 적극 협조하길 기대한다. 그러지 않는 회사는 용서하지 않을 생각이니까.

❺ 당신의 사업 활동이 환경에 피해를 준다면 소비자가 이를 싫어할 거라는 가정아래 행동하고, 또 그런 바탕 위에서 고객과 소통하라.

❻ '셀프서비스'는 시대적 흐름이다. 이를 무시하는 회사, 마지못해 따라가는 회사, 거스르는 회사는 도태될 것이다.

▶ 끊임없이 변화하는 소비자의 요구를 어떻게 따라잡을 수 있을까? 고객에게 물어보라.

제2장

고객은 변함없이 그대로다

하늘 아래 새로운 건 없다

고객서비스에 관한 한 새로운 건 없다. 소비자가 만족하는 요리의 레시피는 변하지 않는다. 시대에 따라 재료의 비율은 달라질지 모르지만, 재료는 변하지 않는다.

24시간 내내 트위터와 페이스북에 글들이 흘러넘치는 지금은 이런 사실을 간과하기 쉽다. 고객의 요구를 수용하기 위해 새로운 기술을 개발하고 강화하고 적용하지만 결국 고객 만족의 핵심은 '가치'다. '가격'은 선택이지만, 가치는 필수다. (가격은 양면성을 가지고 있다. 싼 가격으로 소비자를 유혹할 수도 있고, 높은 가격으로 품위, 신뢰, 고상함을 제공하기도 한다.)

가치를 제공하기 위한 4가지 조건

고객에게 가치를 제공하려면 다음과 같은 4가지 항목을 충족해야 한다.

1. **완벽한 제품**(서비스)**을 준비하라**
2. **제품**(서비스)**을 세심하고 친절하게 전달하라**
3. **고객이 원하는 시간 내에 완료하라**
4. **효과적인 문제해결 프로세스를 제공하라**

완벽한 제품을 준비하라

완벽? 고개를 갸우뚱하게 된다. 그러니 여기서 얘기하는 '완벽'의 의미를 분명히 할 필요가 있겠다. 이것은 이성적으로 예측할 수 있는 상황에서, 그리고 상식적인 시간 동안 완벽하게 기능하도록 설계되고 품질 검사를 마친 제품이나 서비스를 일컫는 것이다.

앞서 말한 볼보 자동차 이야기를 다시 해보자. 이 차에는 스물여덟하고도 반 개의 에어백이 장착되어 있다. 나는 볼보가 어느 정도까지는 안전을 지켜줄 거라고 믿는다. 만약에 규정 속도 이내로 주행하다가 도로 표지판이나 전봇대를 옆에서 들이받는다면 멀쩡하게 걸어서 사고 현장을 벗어날 수 있을 것으로 생각한다. 사고 차량을 다시 몰고 갈 수도 있으리라. 하지만 만약에 자동차 앞유리를 향해 미사일이 날아온다면 두 번 다시 걷지 못하게 될 것이다. 그런 얘기다. 미사일이 날아온다는 것은 평화로운 도시에서 '이성적으로 예측할 수 있는 상황'이 아니다. 그리고 볼보가 그런 상황에서까지 탑승자를 보호하게끔 설계되었다고는 생각하지 않는다. 최악의 상황에서도 예외 없이 100퍼센트 기능하는 상품을 기대하는 고객은 (성격 이상자를 제외하면) 없다. 하지만 고객 만족의 측면에서 판매 제품에 눈에 띄는 결점이 있어선 안 된다.

제품을 세심하고 친절하게 전달하라

완벽한 제품이나 서비스를 제공해도 직접 고객을 대하는 직원의 마음이 고객의 마음과 어긋난다면 아무 소용이 없다. 직원이 당신의 제품이나 서비스를 고객에게 세심하고 친절하게 전달하지 않는다면 당신의 사업은 십중팔구 추락한다.

정말로 당신이 탄 비행기가 추락할 수도 있다. 아니면 적어도 당신이 추락을 걱정하게끔 만들 수 있다. 사람들은 무례와 불친절에 아주 민감하게 반응한다. 이것을 가장 잘 보여주는 것이 항공 여행인데 항공사만큼 고객의 생명을 담보하고 있는 산업도 없을 것이다. 다행히 항공사와 감독기관들은 우리의 안전을 아주 아주 잘 지켜주고 있다. 작년(2010년)과 이 글을 쓰고 있는 시점인 올해(2011년)까지 미국의 상업 항공사는 단 한 차례의 운송 사망 사고도 일으키지 않았다.

이것은 엄청난 성취다. 나는 이를 두고 '완벽한 상품'에 거의 근접했다고 생각한다. 그런데 신문은 이 내용을 단신으로 처리한다. 반면 항공사의 고객서비스 문제와 승객들의 불만에 대해서는 긴 칼럼을 싣는다. 불친절한 승무원, 수하물 요금, 초만원 사태, 뭐 그런 내용이다.

이러한 언론 보도는 승객의 생각을 꽤 정확하게 반영한다. 그들은 대수롭지 않은 수준의 몰배려와 불친절에도 입에 거품을 문다. 갑작스레 항공

편이 취소되었는데 해명이 불충분하다거나, 탑승구에서 일하는 직원이 융통성이 없다거나, 좌석 앞주머니에 뜯어진 땅콩 포장지가 들어 있다거나 하는 사소한 것들 때문이다. 안전은 당연한 것으로 여기고 세심함 부족을 집요하게 물고 늘어진다.

대중 철학자 알랭 드 보통은 런던 히스로 공항에서 일주일을 머물고 《공항에서 일주일을[1]》이라는 책을 썼다. 그는 영국항공British Airways을 언급하며 이렇게 이야기한다.

> 다이앤 네빌—그녀는 영국항공에서 직원을 교육하고 감독한다—은 항공사에 대한 고객의 평가가 직원들의 기분에 따라 얼마나 쉽게 좌우되는지 잘 알고 있다. 창가 자리를 정중하게 부탁했다가 배정된 자리에 만족하라는 무뚝뚝한 훈계를 들은 승객은 집으로 돌아가면서 비행기가 무사히 도착했다거나 수하물을 금방 찾았다는 사실 같은 것은 다 잊어버린다. 체크인 팀 소속 직원의 쌀쌀맞은 대꾸는 자신이 굴욕적이고 부당한 대접을 받았다고 느낀 데서 나왔을 것이다(어쩌면 심한 두통을 동반한 감기에 걸렸거나 나이트클럽에서 실망스러운 저녁을 보내고 와서 기분이 가라앉아 있었기 때문인지도 모른다).

일전에 나는 이와 비슷한 맥락에서 쓴 톰 피터스의 글을 읽은 적이 있다. 톰 피터스는 경영학의 대가로 비행기를 버스처럼 늘상 타고 다니는데, 그는 자신의 항공 여행 경험에 기초해서 이러한 역설을 생생히 묘사하였다.

> 내가 탄 작은 전세비행기의 객실에 연기가 들어오기 시작했다. 조종사는 비상 착륙을 할 수밖에 없었다. 버펄로에 있는 홀리데이 인에서 하룻밤을 지내고

---

1 알랭 드 보통, 《공항에서 일주일을 : 히드로 다이어리》(청미래, 2009년).

다음 날 아침에 다른 작은 비행기를 타고 글렌 폴스로 갔다.

그 위급 상황에서 다리가 후들거리는 것이 진정됐을 때 나는 화를 냈을까? 아니다. ①나는 그 사건에 절대 화내지 않았을 뿐 아니라 ②조종사의 훌륭한 솜씨에 기뻤고 ③다시는 이런 일이 일어나지 않기를 바랄 뿐이었다.

반면에 아직도 가슴에 사무치는 오래된 기억이 하나 있다. 객실에 연기가 차올랐던 비상상황이 일어나기 수개월 전에 일등석 정상 요금을 지불하고 시카고발 샌프란시스코행 아메리칸 에어라인을 탔을 때의 일이다. 4시간 거리의 저녁시간 비행인데도 승무원들은 우리에게 추가로 땅콩을 제공하지 않았다. 나는 몹시 화가 났다. 그래서 전국에 방영되는 TV 방송에 그것에 대해 조그맣게 터뜨렸다. 그리고 아메리칸 항공사의 사장에게 편지를 썼다. 2년 넘게 지난 지금도 땅콩에 대한 기억은 선명하다. 해설: 객실에서 연기가 나는 것 같은 생사生死 문제와 연관된 비상사태는 참을 수 있다. 하지만 무시당하는 것은 참을 수 없다. 1,000달러씩이나 지불하고도 땅콩 한 봉지를 더 얻지 못하는 일 같은 것 말이다.[1]

잠깐, 내 말을 오해하지 마라. 당신에겐 '완벽함'이 필요할 뿐이다. 여기서 말한 완벽함이란 안전을 말하는 것으로, 나에게 극도로 중요한 것이다. 내가 스물여덟하고도 반 개쯤 되는 에어백을 장착한 자동차를 모는 사람이라는 걸 기억하라. 하지만 비단 항공사뿐만 아니라 우리 모두가 속한 경쟁 분야에서 정말로 충분히 완벽한 경우란 좀처럼 없다.

---

1 톰 피터스, 《해방 경영》(한국경제신문, 1994년).

고객이 원하는 시간 내에 완료하라

산업시대가 시작된 이래로 적시성에 대한 끊임없는 기대는 상업의 핵심 요구 사항이었다. 지금 고객은 '내가 왜 휴대폰에서 인터넷 페이지가 열리기까지 3초를 기다려야 하지?'라고 생각한다. 현대의 초고속 세상은 어느 때보다도 빠른 서비스를 요구한다. 당신의 제품이 다른 쪽으로 얼마나 완벽하든 상관없다. 전달이 늦으면 이미 끝난 거다.

더 나쁜 소식이 있다. 시간을 딱 맞추는 건 움직이면서 움직이는 표적을 맞추는 것만큼이나 어렵다. 작년에 빨라보였던 것이 올해는 달팽이처럼 굼뜨다. 지금 고객이 요구하는 '적절한 시간'이란 전에 없이 빠르게라는 의미다. 기업은 오늘날 시장의 빠른 보폭을 따라잡는 해답을 가져야 한다. 만약 그러지 않는다면 '적시성 공백'을 메꾸느라 지나치게 많은 경쟁 에너지가 소모될 것이기 때문이다. 다음은 이런 현상의 몇 가지 사례다.

● 매리엇 호텔의 5-10-20 메뉴

매리엇은 미국 전역에 있는 자사 호텔의 캐주얼 라운지와 레스토랑에서 '5-10-20 메뉴'를 출시하였다. 음식 준비에 각각 5분, 10분, 20분의 시간이 걸린다는 의미다. 애피타이저, 앙트레 같은 전통적 분류는 그만두었다.

영리한 콘셉트다.

출장객 다수가 정말로 알고 싶어 하는 건 '밥이 나오려면 얼마나 걸리느냐'다. 그들은 아침은 헐레벌떡 챙겨 먹고, 점심은 시간을 쪼개서 먹는다. 메뉴에 시간 표시가 없으면 별수 없이 직원에게 물어본다.

"어느 게 빨리 되죠?"

그러면 직원은 십중팔구 이렇게 대답한다.

"다 빠릅니다."

물론 그럴 리 없다. 이 대답은 본인도 모른다는 뜻이거나 음식마다 준비 시간이 중구난방이라는 얘기다. '빨리 나오는 음식'이 정말 빨리 나오는지 보려고 비행기 시간을 놓칠 사람은 없다.

● 확인 메일을 받기까지의 시간

인터넷 홈페이지에 들어가 호텔 예약을 취소하거나 변경할 때 완료 버튼을 누르고 나서 내 메일함에 확인 메일이 도착하기까지 얼마나 시간이 걸려야 할까? 지금은 디지털 세상이라는 점을 고려해서 생각하자. 내 개인적 경험을 말하자면 30초 안에 이메일 영수증이 도착하지 않으면 무언가 잘못됐다는 생각이 든다. 조급한 성격이 자랑은 아니다. 하지만 그게 사실이고, 또 합당한 걸 어쩌겠나. 사람은 한 번 체험한 것을 다시 기대하기 마련이니까.

● 다이어트 코크 광고?

어떤 상품이 적시성의 장점을 가지고 있다면 유능한 마케터는 이를 즉각 홍보에 활용할 것이다. 다이어트 코크의 광고 포스터가 좋은 예다. 그들은 모든 스타벅스 매장 옆에 광고를 붙이고 이렇게 물었다.

"라테 한 잔 때문에 줄서서 기다리는 시간이 아깝지 않습니까?"

세계적으로 가장 성공한 커피 체인에게 가하는 일격이다. 스타벅스의 약점을 공격한 것이다. 미국에는 거의 모든 블록마다 다이어트 코크를 파는 곳이 있다. 그러니 정말로 커피를 주문하기 위해서 긴 줄을 설 거난 말이다. 커피를 만드는 동안 또 기다려야 하는데?

효과적인 문제해결 프로세스를 제공하라

고객센터에 상담하는 고객은 다른 무엇보다도 다음 세 순간을 뚜렷이 마음에 담는다. 첫인상과 끝인상 그리고 일이 크게 잘못되었을 때다. 나는 이 셋째 범주를 '서비스 실패'라고 부른다. 서비스 실패는 종종 고객 붕괴, 소통 붕괴, 그리고 궁극적으로 브랜드 가치 붕괴라는 안타까운 결과를 초래한다.

하지만 서비스 실패가 꼭 모든 것의 붕괴로 이어질 필요는 없다. 서비스 실패는 필연적으로 일어날 수밖에 없으므로 효과적인 문제해결 프로세스를 개발할 필요가 있다. 그 과정은 고객의 어떤 실망도 효과적으로 회복하는 것이어야 한다. 더 중요한 건 고객을 실망 이전의 만족 상태로 되돌리는 것이다.

무리한 요구일까? 그렇다. 그러니까 문제해결 과정이 기업 구조와 기업 문화에 뿌리내려 있고, 또 늘 하는 고민이어야 한다는 거다. 문제해결은 가치가 있다는 말로는 충분하지 않다. 문제해결을 제대로 한다면 문제가 아예 없었을 때보다 고객과의 유대감이 더 강해지기도 한다.

＊ ＊ ＊

뛰어난 문제해결 과정은 불만의 적극적인 '수집'으로 시작한다. 당신 회사 역시 영화 〈대부〉의 돈 코레오네처럼 나쁜 소식도 곧바로 듣는 정책을 수립

해야 한다.[1] 고객이 서비스나 제품에 대해 제기한 문제를 빨리 들을수록 일을 바로잡을 시간도 많아진다. 그리고 악평을 최소화하고, 고객과 그의 온·오프라인 친구들을 다시 당신 편으로 돌려세울 수 있다.

월풀은 적극적인 페이스북 활동을 선택했다(제13장 참조). 사우스웨스트 항공, 델타 항공, 컴캐스트|미국의 케이블 및 인터넷 서비스 제공 업체| 등은 트위터를 열심히 모니터한다. 보통 담당 부서의 견실함에 따라 성공 여부가 크게 갈리는 것 같다.

내가 쓰는 방법은 이렇다. 우리 회사의 메일링 리스트에는 약 6,000명이

---

1 "보스는 나쁜 소식도 빨리 들으려는 분입니다Mr. Corleone is a man who insists on hearing bad news immediately"라는 《대부》의 유명한 대사에서 따왔다.

고객의 경험과 인간의 기억

얼마 전에 열 살짜리 딸이 놀이공원이 좋다며 한마디 덧붙였다.

"나는 놀이기구가 좋아. 그런데 아빠는 싫어하지?"

인간의 기억은 믿을 게 못된다. 목격자의 본의 아닌 엉터리 증언 때문에 감옥에 간 사람이 얼마나 많은가. 서비스를 제공하는 사람이 더 염두에 둬야 하는 건 기억의 불완전성과 선택성이다. 우리는 경험한 전부를 기억해내기보다는 단지 경험의 한 순간만을 사진처럼 머릿속에 남겨두는 경향이 있다. 딸아이의 경우도 그렇다. 아이의 기억 속 사진은 내가 놀이기구에서 내려 놀란 마음을 추스르며 반대편으로 나갈 때 찍힌 거다.

고객서비스 제공자는 이런 현상에 희망을 가져야 한다. 만약 처음에 고객서비스에 문제가 생기면 그 반대편에서 대단한 뭔가를 하면 된다. 그러면 고객은 처음의 불쾌감을 밀어낸 긍정적 기억만을 유지할 것이다.

등록되어 있다. 나는 이메일을 수신한 고객이 할 말이 있다면 나에게 직접 답장을 보낼 수 있게 한다.

어떤 방법으로 고객 의견을 수집했든 간에, 일단 불만을 접수하면 문제 해결 과정에서 고객의 감정 상태를 배려할 필요가 있다. 즉, 상담원이 '고객 버전'의 이야기를 받아들여 즉각 사과하고 공감하도록 교육해야 한다는 것이다. 머뭇거림이나 얼버무림 없이 진정으로 말이다. '옳고 그름'의 판단은 다음 기회에 해도 늦지 않다.

예를 들어, 레고는 제품을 구입한 고객으로부터 플라스틱 블록 한두 개가 빠져 있다는 불만을 접수하곤 한다. 레고는 공장에서 이따금 원인을 알 수 없는 실수로 블록이 누락되기도 하지만, 어린 아이가 실수로 블록을 잃어버리고 나중에 당황하는 경우도 많다는 걸 안다. 레고는 어느 쪽이 진실인지는 중요하지 않으며, 두 경우 모두 회사가 해결해야 할 문제라고 인정한다. 우리집 10살짜리 딸도 세계적 건축가 프랭크 로이드 라이트가 설계한 유명한 건축물 '낙수장'을 모델로 한 어려운 레고 키트를 구입한 적이 있다. 조립이 8부능선을 넘었을 때 딸아이는 갑자기 난감해 했다.

"아빠, 블록 두 개가 없어요."

그 애가 나보다 두 배는 더 똑똑하다는 사실을 잠시 잊고는 이렇게 물었다.

"잘 찾아봤니?"

"네, 아빠. 정말 없어요."

아이는 조바심을 내며 대답했다. 물론 딸의 말대로였다. 우리는 함께 인터넷을 찾아봤다. 레고는 없는 블록만 따로 주문할 수 있는 편리한 방법을 제공하고 있었다. 더구나 무료로 말이다. 마음에 들었다. 하지만 더 마음에 든 건 추가 블록과 함께 도착한 편지였다. 간추려 소개한다.

연락 주셔서 감사합니다. 구입하신 레고 키트에 일부 블록이 빠져 있었다니 죄송합니다. 저희 레고는 모든 장난감이 완벽한 상태로 출고되도록 최선의 노력을 다하고 있으나, 가끔 실수가 일어나기도 합니다. 사실, 공장을 떠난 제품의 품질 관리는 보통 일이 아닙니다. 1초마다 약 7개의 레고 키트가 팔립니다! …… 저희 레고의 품질 관리 전문가들은 각종 전문 검사 장비를 활용하여 출고 전에 모든 레고 키트를 확인합니다. 구성물 누락 여부를 알기 위해서 모든 상자의 무게를 다는 수고도 마다하지 않습니다.

저희 레고는 불량률을 낮추기 위하여 더욱 노력할 것을 약속드립니다. 그리고 다시 이런 일이 발생하지 않도록 하기 위해 고객님의 연락 내용을 품질검사 부서에 전달하였습니다.

레고는 고객이 참여하는 방식의, 잘 고안된 문제해결 프로세스를 가지고 있다. 이러한 전화위복의 방법론은 고객에게 아예 아무런 문제도 없었을 때보다 오히려 더 좋은 결과를 만들 수 있다. 이제 고객과 회사는 사건을 함께 겪은 동지이기 때문에 서로 더욱 밀접해지기 때문이다. 한 팀이 된 것이다. 특히, 편지에서 딸아이가 레고의 제품 개선 과정에 참여하였음을 강조한 것은 주목할 만하다.

일이 잘못될 것을 예상하고, 사태를 수습할 계획을 세워라. 고객에게 중요한 감정을 배려하고 존중하면서 말이다.

***   *   ***

각 사업체의 개별적 고객 환경에 고객 가치의 4요소가 올바로 맞춰진다면 회사를 지탱하는 튼튼한 네 다리가 될 것이다. 디지털 모래밭에서 이 4개의 다리가 당신의 회사를 떠받치고 있다고 상상해 보자.

- 완벽함
- 배려와 매너로 전달
- 적시성
- (일이 잘못 되었을 때의) 문제해결 과정

이들은 고객이라는 움직이는 과녁을 겨냥한다. 과녁을 명중시키려고 노력하는 과정에서 진정한 고객 가치를 전달할 수 있다.

쓰나미에 대한 사과를 받은 지미 키멀

미국의 코미디언이자 심야 토크쇼 진행자인 지미 키멀. 그가 보라보라 섬의 포시즌스 리조트에서 휴가를 보내고 있을 때(운도 좋죠?) 일본에서 끔찍한 도호쿠東北 지진이 일어났다. 쓰나미가 보라보라 섬을 덮칠 수도 있는 상황이었다(운도 없네요). 쓰나미가 접근하는 내내 키멀은 겁에 질린 트윗을 날렸지만 팬들의 반응은 시큰둥하였다. 이런 식이었다.

"반갑네요 @jimmykimmel: 만약에 당신이 죽으면 제가 당신의 피자 오븐을 가져도 되겠어요?"

위급 상황이 끝나고 나서 키멀은 매우 기뻐했는데, 그것은 단지 살아남았기 때문만은 아니었다. 그를 포함해 신경이 극도로 곤두섰던 휴가객들은 포시즌스의 서비스에 크게 만족했다며 (죽지 않은 것보다 더) 본인의 블로그에 글을 남겼다.

무엇이 키멀의 마음을 이렇게 크게 움직였을까? 포시즌스는 쓰나미에 대한 책임을 지려고 한데다 심지어 사과도 했다.

고객서비스 담당자라면 반드시 봤어야 할만큼 포시즌스 직원들이 보여준 태도는 놀라웠다. 그들은 마치 쓰나미가 자신의 책임인 양 행동하였다. 사사건건 사과하였다. 덕분에 끔찍한 경험이었어야 할 것이 즐거운 피크닉으로 탈바꿈하였다. 만약에 포시즌스 직원들이 미국연방재해본부FEMA를 운영한다면 조지 부시와 카니예 웨스트|미국의 인기 랩퍼만큼 큰 차이를 낼 것이다.[1]

책임을 지려는 행동에는 많은 힘이 있다. 비록 객관적으로 당신 잘못이 아니더라도 말이다.

---

1 Jimmy Kimmel, "A Dramatic Story, at the End of Which Nothing Happens," Huffington Post, 2011년 3월 14일자.

요약

▶ 고객 만족의 핵심은 시간이 흘러도 변치 않는 것 즉 '가치'에 있다. 그런데 가치와 가격을 혼동하지 말아야 한다.

▶ 확실한 가치를 제공하는 것이야말로 고객 만족을 얻는 확실한 방법이다. 여기에는 4가지 요소가 있다.

① 완벽한 제품 혹은 서비스

② 세심한 배려와 친절한 매너로 전달

③ 적시성

④ 효율적인 문제해결 프로세스의 뒷받침

▶ 완벽한 제품 혹은 서비스란, 이성적 예측이 가능한 상황에서 상식적인 기간의 제품 수명 내에 완벽한 기능을 하도록 설계되고 품질 검사를 마쳤음을 의미한다.

▶ 상식적인 사람이라면 어떤 최악의 상황에서도 고장나지 않고 제 기능을 하는 상품을 요구하지 않는다. 하지만 명백한 결함을 놔두고서 고객 만족을 기대하는 일은 없어야 한다.

▶ 완벽한 상품이라도 배려와 매너가 없는 서비스 때문에 무너진다면 도로아 마타불이다. '배려와 매너로 전달하는 것'이 '완벽한 상품'보다 훨씬 더 중요할 수 있다. 사실, 경쟁 비즈니스에서 충분한 수준의 완벽함이란 좀처럼 보기 힘들다. 보살핌과 안락함이 고객을 떠나지 않게 해줄 것이다.

▶ 당신의 상품이 얼마나 완벽하든 간에 늦게 전달된다면 고객 입장에서는 이미 끝난 거다.

▶ 고객이 생각하는 '적절한 시간 내에'의 의미는 점점 더 감당하기 힘든 요구가 되어가고 있다. 하지만 속도에 보조를 맞춰야 한다. 경쟁에서 밀리고 싶지 않다면.

▶ 서비스 실패는 피할 수 없는 일이다. 그러므로 실패를 만회하는데 효과적인 잘 고안된 문제해결 프로세스가 필요하다. 하지만 더 중요한 일은 고객을 실망 이전의 상태로 되돌리는 것이다. 적어도 원래 수준이거나 그 이상이 되어야 한다. 제대로만 한다면 문제가 아예 없었을 때보다 고객과의 유대감이 더 강해질 수 있다.

▶ 잘 고안된 문제해결 프로세스는 적극적인 고객 불만 '접수'에서부터 시작된다. 접수창구를 활짝 열고 조언을 구하라.

▶ 잘 고안된 문제해결 프로세스란 '고객 버전'의 이야기에 공감하고 즉각 사과하는 법을 배우는 것이다. 진심을 담아서, 머뭇거림이나 얼버무림 없이 말이다.

제3장

고객서비스의 명암

· · · · · · · · · · · ·
제대로냐 재앙이냐

모바일 전화, 사용자 생산 콘텐츠(소셜미디어), 상호대화방식 셀프서비스 기술의 발달을 포함하여 커뮤니케이션, 연결성connectivity, 자동화에서 진행되고 있는 혁명은 고객서비스는 물론이고 기업과 고객 사이의 소통 방식에 큰 변화를 일으키고 있다. 하지만 잘 드러나 보이지 않는 요소들도 있는데, '린 생산lean manufacturing'과 같은 공정 개선이 그 좋은 예다. (린 생산은 작업 공정 혁신을 통해 비용은 줄이고 생산성은 높이는 경영 철학으로, 일본의 도요타 자동차가 도입하여 선풍을 일으켰다.) 이것은 오래 전부터 많은 산업에서 존재해 왔다.[1] 이러한 변화에 비추어 봤을 때 오늘날 고객을 배려하는 훌륭한 회사는 어떤 모습일

---

1 하늘 아래 새로운 것은 없다고 이것도 헨리 포드의 초기 업적과 글에서 영감을 받았다.

까? 그리고 그 정반대에 있는 형편없는 회사의 모습은 어떠할까?

고객서비스를 잘하는 회사의 특징

현대의 첨단 기술 세상에서도 고객서비스를 잘하는 회사는 외골수 기술자가 아니라 다양한 경험을 지닌 사람이 세운 회사다. 회사가 장기적으로 성공을 거두기 위해서는 기술보다는 경험이 더 중요하다. 애플이나 퀄컴 같은 전문기술 제품을 판매하는 회사이든 스타벅스나 자포스, 심지어 고군분투 끝에 성공을 거둔 우리 동네 세탁소 같은 일반 사업체이건 간에 말이다.

고객서비스를 잘하는 회사들은 다양한 방법으로 고객과 교류하고 쌍방향 소통을 함으로써 고객 친화적인 독보적 서비스를 제공한다. 그들에게 공통적으로 발견되는 12가지 특성을 살펴보자.

1. **고객이 접근할 가능성이 있는 통로는 모두 잘 준비해둔다.** 고객은 당신에게 미처 닿기도 전에 편안함을 느낀다. 홈페이지 방문, 이메일, 전화통화, 소셜미디어, 메신저, 화상 회의 등 어떤 경로로 접근해도 환영하고 사업장 위치나 브랜드, 회사 정보 등을 빈틈없이 제공한다.

   회사는 전화나 인터넷 같은 다양한 접촉 경로를 꾸준히 점검한다. 기능은 잘 하는지, 최신 정보를 제공하는지 확인하기 위해서다. 고객이 회사와 접촉할 가능성이 있는 모든 수단에 대해 그 유효성과 편의성을 살피는 것이다. 회사 홈페이지뿐만 아니라 구글 플레이스Google Places|구글에 사업장 정보와 사진 등을 올리고 이용 고객의 평가를 받을 수 있게 하는 서비스. 우리나라 포털의 검색등록 및 지역검색과 흡사하다| 같이 외부 업체가 운영하는 사이

트 역시 관리해야 한다. (만약 영업시간이나 위치 정보가 잘못 기록되어 있다면 이용자들은 구글이 아니라 해당 업체를 탓한다는 걸 잊지 말자. 이용자들은 업체가 정보를 갱신할 충분한 기회와 시간이 있었음에도 불구하고 그렇게 하지 않은 거라고 생각하는데, 십중팔구는 맞는 말이다.) 옐프나 트립애드바이저 같은 종류의 인터넷 포럼에 올라온 비판적 의견에는 정중하게 답해야 한다. 그래야 사람들은 '아, 이 업체는 완벽하지는 않을지언정 적어도 자신의 실수를 인정하고 개선하려고 노력하는구나'라고 생각한다.

2. **고객의 입장을 방해하는 모든 장애물을 치운다.** 고객의 '입장 경험'이 즐거운 경험이 되도록 노력한다. 그것을 방해하는 장애물이 법적으로 회사의 소관이든 아니든 그런 건 상관없다. 우리가 오프라인 쇼핑몰에 갔다고 상상해보자. 쇼핑몰은 고객 차량의 주차와 교통 편의에 세심하게 주의를 기울인다. 운전자는 그저 표지판을 따라가기만 하면 가장 효율적인 동선을 경험할 수 있다. 주차장 사용법을 정확히 안내하고 필요하다면 주차장 요금 정산기를 적절히 설치한다. 오프라인처럼 온라인상의 '입구'에서도 로그인 과정이 물흐르듯 부드럽게 진행되어야 한다. 홈페이지 방문자가 글을 남기기 위해 CAPTCHA[1] 테스트를 통과하도록 하는 것은 좋지 않다. 스팸에 대한 우려 때문에 어쩔 수 없이 CAPTCHA를 둔다면 시각장애인이나 스마트폰으로 접속한 사람도 사용에 불편함

---

1 Completely Automated Public Test to tell Computers and Humans Apart: 접근자가 스팸 프로그램이 아니라 사람인지 확인하기 위한 테스트. 일반적으로 복잡한 패턴 위에 글자나 숫자를 보여주고 그대로 입력할 것을 요구한다. CAPTCHA의 공식 사이트는 www.captcha.net.

이 없도록 음성 출력 기능을 추가한다. 고객이 수백 개 나라 목록 중에
서 자신의 국적을 고르는 것과 같은 일은 절대로 없어야 한다. 국적이 필
요하다면 IP 주소나 회원 고객정보를 통해서 처리한다.

3. **직원이 고객에게 분명하고 진실한 태도로 관심을 보이도록 한다.** 그 결
과는 분명하게 나타난다. 고객서비스를 하기에 가장 당혹스러운 상황에
서도 말이다. 직원은 매뉴얼에 있는 대로 방어적 태도를 취하기보다는
자발적으로 진정한 해결책을 찾아야 한다.

4. **셀프서비스를 제공하되 문제가 발생하면 바로 취소할 수 있게 배려한다.**
셀프서비스를 선택한 고객은 언제라도 도움을 요청하거나 셀프서비스
를 포기할 수 있어야 한다. 예를 들어, 셀프 계산대를 운영하는 대형 마
트는 그 근처에 도우미 직원을 두어 계산대 사용이 능숙치 않거나 예상
치 못한 문제를 만난 고객에게 즉각 도움을 주도록 한다. 고객 콜센터도
마찬가지다. 바람직한 IVR 즉 대화형 음성응답 자동전화 시스템은 상담
업무를 녹음된 음성으로 자동 진행하지만 고객이 원할 경우 상담원과
직접 통화할 수 있는 비상구도 준비해둔다. 그리고 이 비상구의 문은 손
쉽게 열려야 한다. 그저 0번을 누르거나 '상담원'이라고 말하면 바로 빠
져나올 수 있어야 한다. 온라인에서는 '자주 묻는 질문과 답변FAQ'의 끝
부분에 상담원과 실시간 채팅이 가능한 상담창을 두어 고객이 더 궁금
한 것이 있을 때 추가 지원을 받을 수 있게 한다.

5. **고객의 요구를 예측하고 그것을 구현하는 업무 프로세스, 기술, 설비를 준비해둔다.** 예측 고객서비스를 제공하기 위해서는 고객의 요구를 한발 앞서 예측할 수 있는 직원이 필요하지만, 회사의 시스템을 고객의 요구에 맞게 최적화하는 것도 중요하다. 우선 회사는 고객이 무엇을 원하는지 알아내기 위해 고객처럼 생각하고, 고객의 행동을 살피고 예측하며, 고객의 요구를 묻고, 고객의 반응을 정리·분석한다. 그리고 이 과정에서 얻는 지식과 태도로 시스템, 시설, 프로세스를 구축하는 것이다.

　　예를 들어보자. 어느 한겨울 나는 필라델피아 공항에서 활주로에 쌓인 눈 때문에 덴버행 비행기가 지연되어 몇 시간을 대기했다. 마침내 덴버에 도착했지만 연결편 비행기는 이미 떠나고 없었다. 나는 대체 항공편을 요구하기 위해 긴 줄을 서서 아쉬운 소리를 하거나 사우스웨스트 항공사에 수신자 부담으로 전화를 걸고 한참을 기다려야 할 거라고 생각했다. 하지만 탑승객 출구에는 이미 항공사 직원이 보딩패스를 한 뭉텅이 든 채로 기다리고 있었다. 그녀는 내 이름을 묻더니 내가 탈 바로 다음 항공편의 보딩패스를 건네주었다.

6. **고객의 시간 제한을 최우선으로 고려한다.** 절대로 고객의 시간을 낭비하지 않고 '기다림 제로'를 구현한다. 적절하게 설계된 기술과 숙련된 직원은 고객의 사정과 희망을 최대한 배려한다. 예컨대, 시간에 쫓기는 회사원과 여유로운 관광객을 응대하는 방식은 달라야 마땅하다. 노련한 직원은 고객과의 대면이나 전화 통화 과정에서 고객의 사정을 파악할 수 있다. 잘 만들어진 컴퓨터 프로그램이 그 일을 대신할 수도 있다. 이

예측 서비스 구축에 필요한 조언을 얻는 법

사우스웨스트 항공처럼 고객의 요구를 예측하는 시스템을 구축하기 위해서는 (적어도 그러도록 유도하기 위해서는) 직원들이 모든 걸 어느 정도는 직접 체험해볼 필요가 있다. 실제로 일이 어떻게 돌아가는지, 해결해야 할 문제는 무엇인지 파악하려면 고객과 직접 접촉해야 하기 때문이다. 고객과 만나지 못하는 직원은 고객을 경험하지 못해 유용한 정보를 얻지 못하게 될 것이다. 일류 기업들이 직원에게 자사의 상품이나 시설을 무료 혹은 크게 할인된 가격으로 제공하여 직접 경험해보도록 돕는 이유가 여기에 있다. 예를 들어, 포시즌스 호텔은 직원이 휴가를 갈 때 전 세계에 있는 자사의 시설 중 어느 곳이라도 이용할 수 있게 한다. 그것도 100퍼센트 무료로.[1] 직원이 고객처럼 회사의 시설이나 서비스를 이용하도록 해보라.

하지만 이것만으로는 부족하다. 직원의 관찰과 조사(제13장 참조)로 얻은 정보에다 고객의 아주 구체적인 의견도 필요하다. 내 생각은 이렇다. 악평을 해대는 고객을 잘 이용하라는 것이다. 사실 그들은 직원이 미처 깨닫지 못한 다양한 문제점을 알려주는 고객일 가능성이 높다. 왜냐하면, 직원의 출신 배경과 삶의 방식은 고객과 다를 것이기 때문이다(특히 최고급품 시장인 경우에 그렇다. 또, 어느 정도 나이를 먹지 않으면 절대로 알 수 없는 것들도 있다). 이런 경우에는 직원이 아무리 최선을 다하더라도 미묘한 차이를 간파하기엔 역부족이다.

마지막으로 '잠재 고객'의 조언도 잊지 말기 바란다. 그들은 신규 고객이나 기대 고객을 가로막는 장애물의 정체를 알려줄 수 있다. 그러므로 회사가 제공하는 제품이나 서비스에 아주 낯선 고객을 찾아 구체적인 과제를 제시하여 테스트해보라. 예를 들어, 스마트폰으로 모바일 홈페이지에 접속하여 3건의 주문을 한다든지, 매장에서 다섯 가지 물건을 찾도록 하라. 그런 다음에 그들의 경험이 어떠했는지 각 단계별로 물어본다.

---

1 회사가 얻는 또 다른 이득은 직원을 채용할 때 유리하고 근속률을 높일 수 있다는 것이다.

를테면 '건너뜀' 버튼을 두고 이것을 누르면 정보를 자세히 입력하지 않아도 되도록 하는 것처럼 말이다.

7. **고객의 감정과 요구를 최우선으로 배려한다.** 고객이 건 전화는 빨리빨리 처리해야 할 일거리가 아니며 매장을 방문한 고객은 비싼 물건(혹은 그냥 물건)을 팔아치우기 위한 '호갱님'이 아니다. 고객은 외로움을 느껴서 혹은 배송과 관련해 미심쩍은 부분을 확실히 하고자 전화할 수 있다. 당장 구매를 원해서가 아니라 제품이나 서비스에 궁금한 점이 있어서 매장에 들렀을 수도 있다. 고객의 다양한 감정적 욕구를 진심으로 배려하라. 당장 매출과 상관이 없더라도 고객의 요구에 성실히 답하면 결국에는 이익을 얻는 관계를 맺게 될 것이다.

8. **고객 개인의 특별한 사정을 파악하고 고려한다.** 고객 응대 방식의 대다수 사례는 예닐곱 개의 정형화된 시나리오 중 하나를 따르기 마련이지만 고객 각각의 경험은 그들 개인의 관점에 따라서 천차만별이다. 나는 전에 학생청년여행협회SYTA(Student and Youth Travel Association)에서 기조연설을 한 적이 있다. 여기에 대한 답변으로 한 여행사 직원이 자신이 지키려 애쓰는 업무 태도를 설명하였다.

"저는 워싱턴 D.C. 투어 인솔을 수백 번도 더 했습니다. 하지만 오늘 온 아이들은 처음이잖아요? 또, 아마 십중팔구는 평생 마지막이 될 겁니다. 그래서 매너리즘에 빠질 때마다 이 사실을 기억하려고 애씁니다."

아주 모범적인 업무 태도가 아닐 수 없다! 그런데 직원 개인의 태도만큼이나 그것을 회사의 정책으로 만드는 일도 중요하다. 어떤 회사는 고객의 문의에 '열두 시간 내 답변'을 목표로 한다. 그들은 이 사실을 자랑스러워한다. 광고를 통해 알리기도 한다. 뭐, 칭찬할 만하다. 하지만 고객의 문제가 단 한 번의 질문과 답변으로 해결될까? "고객님 컴퓨터에 깔린 OS 프로그램의 종류를 알려주세요"라는 답변 하나를 듣기 위해 고객이 열두 시간이나 기다리는 건 말도 안 된다. 이러한 어불성설이 현실에서 비일비재하다는 건 안타까운 일이다. 올바른 업무 정책이라면 '열두 시간 내 문제 해결'을 목표로 해야 한다. 질문과 답변이 몇 번을 오고가든 말이다. 고객서비스를 제대로 하는 회사는 그렇게 한다.

9. **업무 표준 프로세스를 만들고 지킨다.** 일류 호텔에서는 도어맨이 호텔로 들어가는 손님을 못 보고 놓치는 경우는 거의 없다. 도어맨이 등을 보이고 있는 사이 고객이 들어가더라도 그렇다. 왜 그럴까? 업무 표준 프로세스가 있기 때문이다. 이 경우라면 아마도 '도어맨은 반드시 두 명이 함께 일한다'일 것이다. 두 명의 도어맨이 서로의 얼굴을 마주보는 위치에서 일하다가 손님이 상대방의 뒤로 다가오면 슬쩍 알려준다. 말 그대로 서로의 등 뒤를 봐주는 것이다. 그럼으로써 이 호텔은 언제나 문 앞에서부터 반갑게 손님을 맞는 기분 좋고 편안한 곳으로 기억된다.

10. **'플러스알파'는 기본이다.** 고객 경험 전반에 걸쳐서 고객이 기대하지 않은 무엇인가를 더 제공하는 것이 기본이다. 단기 수익에만 눈이 먼 일부 경영진과 주주는 항상 이것부터 없애고 싶어 하지만 플러스알파 없이 서비스를 차별화하는 것은 불가능하다. 애플의 아이패드를 사면 전자책을 읽을 수 있다. 멋지다. 그런데 그건 업계 선두 아마존의 킨들Kindle

도 마찬가지다. 반스앤드노블의 누크Nook도 그렇다. 코보Kobo도 똑같다. 소니리더Sony Reader라고 다를 건 없다. 하지만 아이패드로 직접 책장을 '넘 겨'보면 고객에게 예상 밖의 '알파'를 주기 위해 노력한 회사의 제품을 손 에 들고 있다는 걸 깨닫게 된다. 전자책을 넘기는 데도 뒷장의 글씨가 비치는 것이다! 종이에 찍은 진짜 책처럼 말이다. 리츠칼튼 호텔의 호스 트 슐츠는 닷컴버블 불경기 때 이렇게 말했다. 고급 호텔은 단지 불황이 라는 이유로 꽃을 매일 바꾸는 것 같은 특별하고 차별화된 서비스를 생 략해서는 안된다고. 그의 말뜻은 이렇다. 투숙객은 단지 네 개의 벽과 그 위의 지붕이 아니라 다른 곳에서는 얻을 수 없는 특별한 경험을 댓가 로 숙박료를 지불한다. 만약에 이러한 가치가 제공되지 않는다면 그들 이 단골이 될 이유도 없다.

11. **능률을 개선하되 그것을 위해 고객서비스를 희생하지 않는다.** 현대 경영 학 이론은 적기 공급just-in-time과 지속적인 능률 개선을 강조한다. 제조업 에서 유래한 이런 기법은 서비스 분야에서도 유용하지만, 고객서비스를 위해서라면 때로는 상당한 비능률과 선先생산 및 재고 확보도 감수해야 한다. 고객서비스를 제대로 하는 회사는 도요타 방식의 '린lean' 기법을 어디서 사용하고, 어디서 사용하지 말아야 할지를 안다.

12. **고객 경험은 끊임없이 개선한다.** 상품을 주문하고 서비스를 이용하는 소비자로서 우리는 일관되고 익숙한 것을 좋아한다. 단골 인터넷 쇼핑 몰에서 무언가를 살 때면 메뉴 구성이 달라지지 않았기를 바란다. 주문 방식을 다시 익히기가 귀찮기 때문이다. 보일러에 쓸 난방유를 구입한다

고 상상해보자. 단골 석유 가게에 전화를 걸면 '늘 하던 대로' 일이 진행된다. 현재 기름값을 듣고, 배달 시간을 골라서, 배송을 받는 것이다. 배달 기사는 우리집 기름 탱크가 어디 있으며, 주유구를 어떻게 열어야 하는지까지 다 알고 있기 때문에 설령 집을 비울 때 오더라도 상관이 없다.

이처럼 고객은 일관성을 좋아한다. 하지만 고객서비스를 제대로 하는 회사는 개선의 노력도 계속해야 함을 안다. 고객의 기대 또한 일관되게 커지기 때문이다.

《잃어버린 시간을 찾아서》의 작가인 마르셀 프루스트는 애물단지로 전락한 전화의 신세를 특유의 생생한 문체로 묘사한다. 때는 20세기 초반이다. 전화의 발명으로 통신 혁명이 일어난 지 불과 30년 정도 지난 시점이었다. 그런데도 당시 사람들은 벌써 전화를 일상의 귀찮음으로 치부하고 있었다. 전화는 여전히 굉장한 신기술이었지만 대중은 그 대단함을 떠올리기보다는 잡음이 들리거나 연결이 자주 끊기는 것을 불평하는 일이 더 많았다.[1] 이런 인식의 변화는 비단 전화만이 아니라 고객 경험 분야에서도 일어나는데, 지금은 그 속도가 지난 30년에 비해 훨씬 더 빠르게 일어난다. 지난해에는 고객서비스 분야의 엄청난 개선으로 인정되던 것이 올해는 그냥 상식적인 것으로 간주된다. 지난달만 해도 빠르다고 생각했던 모바일 속도가 이번 달에는 느리게 느껴진다.

고객서비스를 제대로 하는 회사는 이런 현실을 이해하고 끊임없이 변화하여 적응한다. 사업을 확장하는 한 소매점 체인을 예로 들어보자.

---

1 프루스트의 편지는 알랭 드 보통의 《프루스트를 좋아하세요 How Proust Can Change Your Life》(생각의나무, 2005년)에서 인용하였다.

신규 매장을 개장할 때마다 다음과 같은 단순한 표어를 목표로 내걸 수 있다.

"이번 매장을 지난 번 매장보다 더 낫게 한다."

이거면 다 끝난 거 아닌가? 그럼으로써 매장을 오픈할 때마다 개선을 이루고, 과거의 잘못을 반복하지 않을 수 있다.

우리는 나중에 이 12가지를 하나씩 다시 살펴볼 것이다. 고객서비스를 제대로 하는 회사의 12가지 특성은 곧 12가지 고객 가치이다.

서비스 재앙: 비극적일만큼 잘못된 고객서비스의 사례

지금까지 고객서비스를 제대로 하는 회사의 12가지 고객서비스 기준을 살펴보았다. 해볼 만할 것이다. 좋다. 이대로 자신감을 유지하기 바란다. 하지만 우리 주변을 둘러보자. 그렇지 않은 사례가 너무나 많다. 본질적으로 고객 가치에 반하는(그리고 직원들이 서로에게 나쁜 영향을 끼치는) 회사와 조직은 열심히 노력해도 경쟁에서 차별화에 실패할 수밖에 없다. 그들이 고객의 기대에 부응한다면 그건 우연이다. 고객서비스를 제대로 하는 회사가 된다는 것은 잠재되어 있는 모든 자멸적 요소를 발견해서 없앤다는 의미이다. 달리 말하면, 평상시 회사의 모습에서 이러한 부정적 요소를 찾아보는 것이 좋다는 얘기다. 훌륭하지 않은 회사의 모습을 탐구하는데 약간의 시간을 할애해 보자. 교회에 걸린 생생한 지옥불 그림을 보면 똑바로 살아야겠다는 생각이 드는 것처럼, 형편없는 회사의 난장판을 잠시 엿보고 나면 정신이 번쩍 들지 않겠는가.

누구나 먹거리 쇼핑은 하기 때문에 슈퍼마켓만큼 좋은 예도 없을 것이다. 장바구니를 들고 함께 나서보자. 자금 상황에 문제없고 점원이 충분하며, 입지까지 좋은 슈퍼마켓이라면 장사가 잘 되어야 마땅하다. 그렇지 않은가? 확인해보자. 우리가 찾은 곳은 교외 주택가에 위치한 한 고급 식료품점이다. 큰 기업이 운영하는 부티크 슈퍼마켓 체인의 점포이다. 가게의 위치와 상권은 더 이상 좋을 수 없다. 주변에 전문직 맞벌이 가구가 많이 산다. 오래된 부자들도 많다. 교육 수준 역시 높다. 주변 5킬로미터 내에 대학이 4개나 있다.

이제 매장 안으로 들어가 보자. 불쾌한 일이 벌어지더라도 놀라지 말자.

● 들어가기 전부터 재앙

그런데 출발하기도 전에 벌써 문제가 생긴다. 점포와 고객 사이의 소통이, 아니 그 시도부터가 원활하지 않다. 우리는 점포의 정확한 위치와 영업시간을 알아보려고 인터넷 홈페이지를 방문한다. 그러나 필요한 정보가 없다. 아, 하지만 실시간 상담창이 있다. 그곳에 질문을 쳐본다. 지루하게 2분쯤 흘렀나, 누군가 대답을 한다. 정말로 '누구'인지 확실치 않다. 말투가 어째 사람보다는 자동응답 프로그램 같기도 하다. 모니터에 뜬 답변은 기계적이다. 판에 박힌 답변이다. 두루뭉술한 '모범답변'을 몇 개 준비해놓고 있다가 그중 하나를 복사(Ctrl+C)해 붙여넣기(Ctrl+V)한 것 같다. 심지어 매장에 관한 유용한 정보는 거의 담겨 있지 않다.

홈페이지 창을 닫고 차라리 구글 지도에 있는 위치 및 영업시간 정보를 보기로 한다. 하지만 구글 지도와 구글 플레이스의 내용을 믿고 갔다가 낭패를 당한다. 가게 문이 닫혀 있다(무려 일 년 반 동안이나 틀린 정보가 걸려 있었다. 닫힌 문 앞에서 고개를 떨군 고객이 우리만은 아니었을 거다).

짜증을 애써 참고 이튿날 한 번 더 찾아간다. 이번에는 매장 문이 열려 있는 것을 확인하고 주차장에 차를 세운다. 가장 먼저 눈에 들어온 장애물은 말 그대로 '장애물'이었다. 쇼핑카트 보관 시설의 이상한 콘크리트 턱 때문에 인접한 장애인 주차 공간에서 휠체어가 나올 수 없다. 쇼핑객 본인이나 가족, 친구가 휠체어를 탄다면 시작부터 난감해지는 상황이다(장애인 고객을 올바로 응대하는 법은 제9장에서 더 다룬다).

- **업무 태도도 재앙**

이제 가게 안으로 들어가 보자. 곧장 보이는 진열대 앞에서 한 젊은 여성 점원이 발사믹 식초 병을 정리하고 있다. 그녀는 등을 보이고 서 있다. 자동문이 열리는 소리를 들었는지 듣지 않았는지 그냥 그대로다. 고객을 맞이할 생각은 분명히 없어 보인다. 실제로 인사도 하지 않는다. 그녀만 그런 걸까? 안타깝게도 그렇지 않다. 통로를 쭉 걸어가 보지만 아무도 없다. 얼굴이 우리 쪽을 향해 있어야 할 위치의 직원들도 보이지 않는다. 자동문이 열리고 카트가 굴러다니면 손님이 왔다는 사실을 모를래야 모를 수가 없을 텐데, 점원들은 코빼기도 안 보인다. "어서 오십시오?" 그런 거 없다. 친절한 미소도 없다. 합죽이가 됩시다, 합!

- **카트도 재앙**

입구에서 투명인간 대우를 받기는 했지만 어쨌든 쇼핑 카트를 밀면서 쇼핑을 해보자. 카트는 생긴 건 괜찮은데 상당히 무겁다. 게다가 멋들어진 타일 바닥 위로 고무바퀴가 달린 카트를 밀고 나아가는 게 꽤나 지친다. 타일 바닥의 표면은 고르지 않다. 게다가 바둑판 모양으로 타일과 타일 사이에 홈이 나 있어서 카트가 계속 덜커덩 거린다. 덜커덩, 덜컹, 더러러러덩. 탱크 굴러가는 소리 같다. 손에 진동이 느껴진다. 입구에서부터 겨우 10미터 정도 끌었을 뿐인데 벌써 손목이 아프다.

● **계산대도 재앙**

그래도 포기하지 않고 어찌어찌 쇼핑을 마쳤다면 이제 남은 건 계산대다. 계산원이 보인다. 본인의 업무적 특성과 정해진 위치 때문에 어쩔 수 없이 처음으로 우리를 바로 마주봐야 하는 '사람'이다. 정면으로 얼굴을 맞댄다. 드디어 인간관계가 시작되는 건가!

그럴 리가. 계산원은 우리를 본체만체한다. 사실, 그녀는 대화 중이다. 옆 계산대의 계산원과 잡담을 하고 있는 것이다. 기린처럼 목을 길게 빼고 어젯밤 망친 데이트에 관한 시시콜콜한 수다를 웅얼댄다. 그 자세가 어찌나 기묘한지 마치 서커스를 보는 것 같다.

더 기분 나쁜 건, 계산한 물건을 봉투에 잘 담아주는 게 아니라 그냥 던져 넣는다는 거다. 꼬리꼬리한 냄새가 나는 치즈를 초밥과 같은 봉투에 담는다. 게다가 무거운 치즈를 짓뭉개지기 쉬운 초밥 위로 그냥 떨어뜨린다! 손님을 보고 신경도 안 쓴다면 물건에라도 신경을 좀 쓰란 말이다! 아니다. 아예 기대를 않는 편이 정신건강에 좋을 것 같다.

● **폐점 시간도 재앙**

영업의 시작과 끝, 즉 개장과 폐장 시간에 그 조직의 문제점이 가장 잘 드러나곤 한다. 계산을 마치고 슈퍼마켓 한켠에 따로 자리 잡은 꽃을 구경하고 있는데 급기야 말도 안 되는 일이 벌어진다.

지금 시간? 평일 저녁 6시 45분이다(가게는 7시에 문을 닫는다. 구글에는 없지만 점포 정문에 그렇게 쓰여 있다). 기왕에 온 거 식탁에 꽃을 꽂이라도 좀 살까 하는 마음이 들어서다. 특별히 어떤 꽃을 사야겠다는 생각은 없어서 편하게 둘러보았다. 한 3분 지났을까, 담당 점원이 다 골랐냐고 재촉한다. 아니라고 대답한다. 그런데도 계속 눈치를 준다. 하지만 어떤 도움이나 추천은 없다. 그냥 단호한 태도로 "7시에 문 닫아요"라고만 말할 뿐이다.

나는 무척 화가 나지만 애써 침착하게 되묻는다. "7시에 문을 닫는다는 건 7시 폐점이 아니라 7시 이후로 손님을 받지 않는다는 의미 아닌가요?" 그랬더니 놀랍게도 점원은 당황한 목소리로 이렇게 말했다. "정말이에요? 몰랐네요. 7시를 1분이라도 넘겨서 퇴근 카드를 찍으면 다들 뭐라고 해서 항상 '모든 손님을 7시 전에 내보내는' 게 규정이라고 생각했어요."

＊　＊　＊

비극적일만큼 잘못된 고객서비스의 생생한 사례가 아닐 수 없다. 슈퍼마켓에서 벌어진 일들을 거꾸로 되짚어 보며 상황을 이렇게 만든 원인을 찾아

보자.

- **고객과 직원 모두에게 해가 되는 직원**

마지막 꽃 코너의 사례는 고객서비스의 재앙과도 같은 상황에 관해 당신이 알아야 할 정말 많은 것을 함축한다. 이런 직원은 고객뿐만 아니라 다른 직원에게도 해를 끼친다. 그들은 자꾸 나쁜 사례를 만들어서 그것이 당연한 일이 되게 하고, 그럼으로써 고객에게 피해를 준다. "7시를 1분이라도 넘겨서 퇴근할 필요가 있나요? 손님을 쫓아내서라도 7시 정시에 문을 닫자고요." 그들은 회사의 수익 개선 노력 앞에서도 시늉만 할 뿐이다. 이러한 업무 방식은 불행한, 아니 참담한 결과만을 되돌려 준다.

- **표준도 없고 목표도 없다**

계산대에서는 무엇이 잘못되었을까? 이번에는 조금 자세히 들어가 보겠다. 계산원은 단지 본인의 '피상적 역할'만을 생각했다. 바코드 찍고, 돈 받고, 물건을 봉투 안에 넣어주는 일이 전부라고 생각한 거다. 그녀가 생각하지 않은 건, 조직 내 자신의 역할이었다. 그건 뭘까? 고객이 즐겁고 기분 좋은 상태에서 쇼핑을 마치도록 따뜻한 마무리를 해주는 것이다. 이처럼 그녀가 자신의 업무를 오해하는 것은 잘못된 교육과 잘못된 리더십의 결과이다.

둘째, 계산원이 따라야 할 '계산원 업무 표준'이 없다. 예를 들어, 봉지에 함께 담아도 되는 품목은 무엇이며, 함께 담으면 안 되는 건 무엇인지와 같은 일련의 단순한 업무 표준이 마련돼 있지 않았다. 업무 표준은 가르치기도, 배우기도 쉬워야 한다. 업무 표준은 만족스러운 고객 경험을 유지해 준다. 업무 표준을 반드시 교육하고, 평가하고, 보완해야 한다. 업무 표준이 없이 업무를 보면 배가 산으로 갈 때도 많다.

셋째, 계산원은 자신이 맡은 최소한의 업무 외에 다른 일은 눈곱만큼도 신경 쓰지 않았다. 실제로 그녀는 고객의 곤란을 알고도 돕지 않았다. 기린처럼 목을 빼고 수다를 떨면서도 눈앞의 실제 업무에는 전혀 집중하지 않았다. 다시 한 번 강조하자면, 계산원의 업무는 단순히 바코드를 찍고 물건을 봉투에 담아주는 게 아니라 고객을 기분 좋게 해주는 일이다. 단순 작업만 수동적으로 반복하는 직원은 회사에 소속감을 느끼기 힘들다. 그리고 회사가 성공하려면 고객과의 효과적인 교류가 필요하다.

● 손님을 본체만체하는 점원

어떻게 매장 점원이 들어오는 고객을 모를 수 있을까? 얼굴도 못 내미나? 덜덜거리는 카트를 끌고 매장을 돌아다니는데 어쩌면 하나같이 코빼기도 안 보일 수 있을까? 그들의 변명은? 아마도 바빴기 때문일 것이다. 안 해도 되는 선반 정리를 하거나 위에서 시킨 수백만 가지 다른 일을 하느라고 무척 바빴을 테다. 계산원과 마찬가지로 점원들도 정작 진짜 목표는 부여받지 못한 것일지도 모른다. 고객을 돕는 일 말이다. 이 문제는 조직 전체의 문화가 달라지기 전까지는 완전히 고칠 수 없다(한숨 소리가 들리는 것 같다. 하지만 치료법은 있다. 기업 문화에 관한 내용은 제5~7장을 참고할 것).

● 덜컹대는 카트와 콘크리트 턱

잘못 만들어진 콘크리트 턱이 휠체어 이동을 막는다. 바둑판처럼 홈이 파인 타일 바닥 위로 카트를 밀고 돌아다니는 것은 그 자체로 스트레스다. 이런 문제를 방치하는 이유는 뭘까? 직원이 고객의 입장이 되어보지 않았기 때문인 이유도 있다. 이 슈퍼마켓 직원들은 건물 뒤편에 별도로 마련된 직원 주차장에다 차를 세우고 직원 전용 출입구로 들어온다. 점포 앞 고객 주차장에 차를 세우고 고객과 같이 정문을 통해서 들어와 본 직원이 거의 없다. 콘크리트 턱이 장애인 주차 공간을 막고 있는 걸 본 사람도 없을 것이다(주차장에서 카트를 정리하는 아르바이트생만은 예외다. 그는 이 문제를 알아차리고도 말하지 않았거나, 보고했지만 무시되었을 거다).

이런 문제가 생긴 또 다른 까닭은, 일을 하는 이유를 잘못 이해했기 때문이다. 본연의 목적이 아니라 오직 처벌을 피하기 위한 방편으로 일을 해온 것이다. 이 슈퍼마켓의 장애인 주차 공간은 고객을 위해서가 아니라 관청의 벌금을 피하기 위해서 만들었기 때문에 장애인 고객의 사용 편의는 고려되지 않았다. 법이 요구하는 최소한의 기준만 만족시키는 것이 목적이었다. 그러니 장애인 손님의 접근을 막는 이 턱—휠체어로 밀어 넘기 불가능한 턱이다—을 없애지 않아도 처벌받지 않는다면 계속 그렇게 놔둘 것이다. 물론, 장애인 고객과 그들의 가족, 친구들 일부는 이곳을 다신 찾지 않을 테지만.

나쁜 회사의 고질병은 이처럼 옳지 않은 이유에서 일을 하고, 그 일을 형편없이 해놓는 것이다. 업무 시간에 융통성이 없는 회사는 직원 생산성도 낮은 경향이 있다. 정해진 업무 시간을 어떻게든 때워야 하기 때문이다.[1] 병가 사용 기준이 불분명하거나 지나치게 경직된 회사라면 건강한 직원도 없는 병을 만들어서까지 병가를 모두 소진하려고 한다. 못 찾아 먹은 사람이 바보가 되기 때문이다. 현장 안전 교육의 목적이 안전 그 자체에 있지 않고 규정을 지키기 위해서인 회사는 언젠가 큰 사고를 당한다. 정리해 보자. 업무의 목적이 '면피'인 회사라면 고객도 인상을 찌푸릴 수밖에 없다. 아니, 인상을 쓸 고객조차 남지 않을 것이다. 쇼핑 고객수를 강제하는 정부 규제 같은 건 없으니까.

* * *

지금까지는 우울한 슈퍼마켓 체험이었다. 잘못된 사례를 보고 필요한 교훈을 얻었길 바란다. 이제부터는 밝은 내용으로 옮겨가려고 한다. '애플'이 반짝반짝 빛나고 있는 세계로 가보자.

---

1 직원에게 추가 근무를 시키라는 뜻은 절대 아니다. 오히려 그 반대를 의미한다.

요약

❶ 고객서비스를 잘하는 회사는 고객이 접근할 가능성이 있는 통로는 모두 잘 준비해둔다. 오프라인이든 온라인이든 고객이 도착하기 전에 미리 길을 닦고 표지판을 세워둔다. 전화나 인터넷 등 고객이 접촉할 수 있는 다양한 접촉 경로를 꾸준히 점검한다.

❷ 고객의 기분 좋은 '도착 경험'을 망칠 수 있는 모든 방해물을 제거한다.

❸ 직원이 고객에게 분명하고 진실한 태도로 관심을 보이도록 한다.

❹ 셀프 서비스를 제공하되 문제가 발생하면 바로 취소할 수 있게 배려한다.

❺ 고객의 요구를 예측하고 그것을 구현하는 업무 프로세스, 기술, 설비를 준비해둔다. 예측 고객서비스를 제공하기 위해서는 고객의 요구를 한발 앞서 예측할 수 있는 직원이 필요하지만, 회사의 시스템을 고객의 요구에 맞게 최적화하는 것도 중요하다.

❻ 고객의 시간 제한을 최우선으로 고려한다. 절대로 고객의 시간을 낭비하지 않되 고객의 사정과 희망은 최대한 배려한다.

❼ 고객의 감정과 요구를 최우선으로 배려한다. 예를 들어, 고객이 당장의 매출과 관련 없는 일로 전화를 걸어오더라도 성심성의껏 응대한다.

❽ 고객 개인의 특별한 사정을 파악하고 고려한다. 고객 응대 방식의 대다수 사례는 예닐곱 개의 정형화된 시나리오 중 하나를 따르기 마련이지만 고객 각각의 경험은 그들 개인의 관점에 따라서 천차만별이라는 사실을 명심해야 한다.

❾ 업무 표준 프로세스를 만들고 지킨다.

❿ '플러스알파'는 기본이다. 고객의 예상을 넘는 플러스알파 없이 서비스를 차별화하는 것은 사실상 불가능하다.

⓫ 능률을 개선하되 그것을 위해 고객서비스를 희생하지 않는다. 고객서비스를 위해서라면 때로는 상당한 비능률과 선先생산('적기 생산'이 아닌) 및 재고 확보도 감수해야 한다.

⓬ 고객 경험을 끊임없이 개선한다. 도요타의 '린 생산' 같은 생산관리 기법에서 차용한 지속적 개선법continuous improvement methods을 사용하는 경우가 많다.

Part II

하이터치 예측 고객서비스

제4장

고객서비스는 예측의 기술이다

애플과 넷플릭스

서비스를 통해 고객을 만족시키고 끌어들이려면 '예측의 기술'이 필요하다. 대부분의 비즈니스에서는 제2장에서 설명한 고객만족의 4단계(완벽한 상품, 세심하고 친절한 배달, 고객이 원하는 시간 내에 완료, 효과적인 문제해결 프로세스)만으로도 충분하다.

하지만 이를 넘어설 수 있게 하는 것이 '예측하는' 고객서비스이다. 예측 고객서비스는 마법을 일으켜 고객의 마음을 사로잡는다. 그 결과 열렬한 고객이 탄생하고 충성도 높은 브랜드가 만들어진다.

고객은 "와~, 방금 굉장히 만족스러운 고객서비스를 경험했어!"라고 외치며 감탄하는 식으로 반응하지 않는다. 당신이 그들의 요구와 희망을 제대로 예측하는 서비스를 제공할 때 고객은 그것 없이 살 수 없다는, 혹은 그것이 없는 삶은 정말 원치 않는다는 기분을 느낄 것이다.

이 차별화 전략은 역사적으로 그 효과가 입증되었는데, 그 시초는 리츠 칼튼 호텔이다. 리츠칼튼의 브랜드와 정신을 창조해낸 기획자들은 회의를 통해서 회사의 신조를 다음과 같이 정리했고, 리츠칼튼 전 직원은 이 신조를 가슴에 새기고 있다.

"리츠칼튼은 고객이 표현하지 않은 희망과 필요도 만족시킨다."

자, 이제 첨단기술이 발달한 현대에는 예측 고객서비스가 어느 정도로 발전했는지 애플의 예를 들어 살펴보기로 하자. 예측 고객서비스를 잘 살펴보려면 수박 겉핥기로 여러 회사를 훑기보다는 특출한 하나의 회사에 집중하는 편이 낫다.

그런데 왜 애플이냐고? 애플은 첨단기술을 활용하는 고객서비스 및 경험에 있어서 현재 선두를 달리는 기업이다. 추격 업체와의 격차도 크다. 게다가 나는 애플과 관련된 몇몇 회사에 여러 해 관여한 경험이 있기 때문에 애플의 과거와 현재를 비교적 큰 그림으로 그려낼 수 있다.

애플의 주력 제품은 PC(매킨토시 노트북과 데스크톱), 포스트PC(아이패드), 통신기기(아이폰), 멀티미디어 엔터테인먼트(아이튠즈, 아이팟, 애플TV) 등으로 소비자 전자제품이다. 우리 집에서도 이들 제품 대부분을 사용하고 있다.

애플스토어가 제공하는 경험

애플이 제공하는 고객서비스의 차별점이 바로 애플스토어에 있다고 생각하는 사람들이 많다. 독창적인 디자인의 매장으로 유명한 애플스토어는 전자제품 판매에 있어 일대 혁명을 이루었다. 따라서 애플스토어를 살펴보도록 하자.

애플스토어의 예측 고객서비스는 고객이 도착하기 전부터 시작된다. 아이폰에서 애플스토어 앱을 사용하여 매장 방문을 예약하면 애플은 고객이 도착하자마자 곧바로 직원이 응대할 수 있도록 일정을 잡아둔다(다음 페이지의 '애플의 손님맞이' 참고). 당신이 매장에 들어가면 즉시 예측 고객서비스가 시작된다. 눈에 띄는 유니폼 티셔츠를 입고 합리적이고 조리 있게 말하는 직원이 재빠르게 진심을 담아 환영한다. 그는 기술적으로 충분한 전문 지식을 갖추고 있으며, 컴퓨터와 고객서비스라는 두 마리 토끼를 잡기 위해 열정을 다한다. 당신의 말에 오롯이 귀 기울이고, 무엇 때문에 왔는지 파악하여 그에 맞게 적절히 안내한다. 이러한 경청이야말로 고객의 희망과 필요를 예측할 수 있게 해주는 열쇠이다(경청에 대해서는 제13장에서 자세히 다룰 것이다). 덕분에 누군가 제품을 사는 게 아니라 좀도둑질을 하려고 왔다면 직원은 쉽게 눈치를 챌 것이고 이러한 선先차단이 애플스토어의 제품 도난율을 낮춘다. (애플스토어의 유선형 설계와 독특한 개방형 구조는 절도범을 끌어들이곤 한다. 그러나 설령 도둑질에 성공해도 결국 헛수고로 끝나는 경우가 많다. 애플이 추적 소프트웨어를 사용하여 도난 제품을 쓸 수 없게 만들기 때문이다.)

마음속으로 지갑을 만지작거리던 당신은 직원의 면밀한 추가 질문을 통해 당신의 입장과 생각이 경청되고 전달되고 이해받는 걸 느낀다. 방금 만난 사이이지만 진실되고 믿음이 가며, 고객을 배려하는 모습에 부담감 대신 편안함을 느낀다.

그런데 애플스토어의 직원은 경청을 통해 당신에게 더 적합하다고 생각

되는, 더 싼 제품을 권하기도 한다. 그렇다고 애플이 손해를 보는 것은 아니다. 근시안적으로 보면 손해인 것 같지만 궁극적으로는 더 많은 이익을 얻는다. 진정한 전문가이자 열정적인 고객서비스 담당자가 당신이 미리 점찍어두었거나 막연히 머리에 담아둔 제품이 정말로 당신이 필요로 하는 것인지 철저히 검토하여 조언함으로써 무엇을 얻을 수 있을까? 반품율 감소다. 또한, 이 과정에서 높은 신뢰를 쌓아 추가 구매를 늘릴 수 있다. 무상 보증 기간을 연장하는 유료 서비스인 '애플케어'가 더 이상 '도둑놈 심보'가 아니라 현명한 투자로 느껴진다. 99달러를 추가하면 일대일 교육을 받을 수 있다고? 오케이! 제의 판매suggestive selling|연관 상품의 정보를 알려줌으로써 판매를 늘리는 영업 기법|가 부담스럽다고? 천만에. 심지어 고맙다. 왜냐하면 애플은 당신이 깨닫기도 전에 당신에게 필요한 것을 권하기 때문이다. 마침내 귀가한 당신은 관심이 가는 제품과 서비스 정보가 담긴 애플의 마케팅 이메일을 받는다. 애플스토어 방문을 통해 당신의 개인 선호도 정보가 업데이트되었기 때문이다.

요람에서 지갑까지

이제 계산할 시간이다. 제품을 들고 나가기 위해서 견뎌야 할 필요악이다. 하지만 애플스토어에서 계산은 그렇게 나쁜 경험이 아니다. 계산대가 당신에게 온다. 이제 반쯤 친구가 된 직원이 이동식 카드 단말기를 가져오고 당신이 서 있는 장소에서 바로 결재를 끝내버린다. 끝인상도 첫인상과 마찬가지로 따뜻하다. 애플스토어에서는 요람에서 지갑까지 배려의 손길을 느낄 수 있다.

애플의 손님맞이

앞에서 말한 대로 애플은 애플스토어 앱을 사용하는 고객의 애플스토어 방문을 예상, 아니 예측할 수 있다. 애플스토어 앱은 혁명적 도구이다. 고객이 방문 예약을 하면, 직원은 일정을 잡고 대기하고 있다가 개인 맞춤 서비스를 제공한다. 이것은 고객과 애플 모두에게 이득이다. 일단, 회사로서는 방문 고객 수에 맞게 인력을 안정적으로 운용할 수 있으니 좋다. '린 관리'의 원칙이다. 고객도 기다릴 필요 없이 산만하지 않은 안내를 받으니 좋다. 소매업 현장에서 드문 사례라고 하겠다.

그런데 여기서 끝이 아니다. 예약 고객이 도착하면 애플스토어 직원은 고객이 본인의 이름을 말하지 않아도 고객의 이름을 불러준다. 더 놀라운 건, 멀리 떨어져 있어서 이름을 들을 수 없었을 직원들까지도 고객의 이름을 안다는 거다. 그러니 나는 애플에 A+ 점수를 줄 수밖에 없다.

그렇다면 가청거리 밖에 있던 직원까지 고객의 이름을 아는 비결은 뭘까? 가장 앞서 고객을 맞은 직원이 고객의 특징을 예의바르게 기록하기 때문이다. 예를 들어, 입은 옷의 특징을 이렇게 적는다.

'짐 존슨, 체크무늬 셔츠, 허리춤에 블랙베리!'

이 메모가 고객의 이동 경로에 있는 다른 직원에게 쭉 전달되기 때문에 누구든 고객의 이름을 알고 맞이할 수 있다.

✳　✳　✳

애플의 예측 고객서비스는 애플스토어에서 끝나지 않는다. 애플스토어는 단지 시작일 뿐이다. 맛보기인 셈이다. 애플의 놀라운 점은, 업무 전 과정에 걸쳐서 고객 경험에 집중한다는 것이다. 콜센터 상담원부터 제품 디자이너,

패키징 전문가, 컴퓨터 프로그래머까지 애플의 전 직원이 모든 단계에서 고객이 원할 것을 예측하려고 노력한다. 분석가들은 가끔 이러한 사실을 놓치곤 한다. 애플의 상품과 매장은 봤지만 그것을 '연결하는 다리'는 못 봤기 때문이다. 그 다리는 최선을 다해 고객을 예측한다는 다짐이다. 고 스티브 잡스식으로 말한다면 "멋진 고객 경험이 최우선이고 모든 기술적 결정은 이를 뒷받침한다"는 다짐이다.

이번에는, 고객 경험을 예측하는 것과는 상관없어 보이는 컴퓨터 업그레이드에 예측 고객서비스가 어떻게 적용되는지 살펴보자.

나는 청소년 시절부터 컴퓨터를 사용해온 사람이다. 여러 대의 개인용 컴퓨터가 꼬리에 꼬리를 물며 내 책상 위를 거쳐 갔다. 컴퓨터 도사였다. 그러니 배달된 매킨토시 컴퓨터를 꺼내 설치하고 기존의 데이터를 옮기는 일은 누워서 떡 먹는 일처럼 쉬워야 당연할 것이다.

하지만 그렇기도 하고…… 그렇지 않기도 했다.

매킨토시, 현재의 고객 경험

지난달에 나는 새 매킨토시 노트북 컴퓨터를 주문했다. 전에 쓰던 노트북도 아직 쓸만하긴 했지만 새로 사기로 한 것이다. 신형 모델은 더 가볍고, 더 작고, 하드디스크도 더 빠르다. 비행기에서 덩치 큰 노트북 때문에 옆 사람을 방해하지 않을 것 같았다. 새 컴퓨터를 장만할 좋은 핑계거리다. 그런데 내 마음속 지름신을 강력하게 부추긴, 나만 아는 또 다른 이유가 있었다. 사용하던 컴퓨터에 들어 있는 정보를 아주 손쉽게 새 컴퓨터로 옮길 수 있으리라는 확신이었다.

택배로 커다란 상자가 배달되었다. 누런 상자에는 운송장을 제외하면 아무런 표식도 없다. 견물생심이라고, 고가의 컴퓨터가 배송 도중에 손을 타지 않고 무사히 도착할 가능성을 높여주는 탁월한 방법이다. 상자 안에는 최신 모델의 예쁜 애플 패키지가 들어 있다. 정확한 위치에 딱 맞게 넣은 재활용 골판지가 컴퓨터를 안전하게 보호한다. 패키지를 열고 컴퓨터를 꺼내는 일은 아주 쉽다.

드디어 새 노트북을 켠다. 사용자 설정을 위한 입력창 몇 개를 넘기고 나니 이런 메시지가 나온다. '이미 Mac을 가지고 있습니까?' 그렇다고 답하면 사용하던 노트북의 정보를 어떤 방법으로 옮길 건지 묻는다. 몇 개의 선택 옵션이 있다. 하나는 내가 직접 옮기는 거다. 또 다른 방법은 '타임머신'이라는 애플의 편리한 백업(복사본)을 이용하는 거다. 이걸 선택한다. 이럴 줄 알고 한 시간 전에 백업을 해두었다. 오래된 노트북은 어지러운 케이블 더미와 함께 고이 모셔두고, 작은 외장 하드디스크를 가져와 새 노트북에 연결했다.

이걸로 거의 다 끝났다. 옮겨온 응용프로그램은 모두 완벽하게 잘 돌아간다. 응용프로그램의 시리얼 넘버도 그대로 유지되고, 프로그램 충돌 역시 일어나지 않는다. 곧바로 컴퓨터를 사용해본다. 모든 환경이 예전 컴퓨터와 똑같지만 성능은 더 좋아졌다. 화면 품질이 개선되고 키보드 반응 속도도 빨라졌다. 트랙패드를 이용하는 느낌도 더 좋다.

마지막으로 소프트웨어 업데이트가 진행되는데 며칠 전 중국 광둥성의 제조 공장에서 컴퓨터가 출고된 후에 새로운 운영체계 업데이트가 나왔다는 사실을 알림창이 떠서 알려준다.

이메일 수신함을 열면 애플이 보낸 메일들이 도착해 있다. 주변장치 잡동사니를 사라는 게 아니라 컴퓨터를 더 잘 쓰기 위한 방법을 배우라는 내용이다. 이번에도 세 가지 옵션이 있다. 안내 동영상, 애플스토어 방문 예약 후 일대일 교육, 아니면 그냥 예전처럼 매뉴얼을 읽는 방법이다.

식은 죽 먹기다. 모든 게 너무 쉽고 매끄럽게 진행되어서 정말 다 된 건지 괜히 의심스러울 정도이다. 하지만 애플이 과거에도 이랬다고 생각하면 오산이다.

매킨토시, 과거의 고객 경험

1990년, 아니면 1995년이었다. 90년이나 95년이나 대충 비슷했으니까 정확한 연도는 상관없다. 드러나지 않게 점진적으로 개선이 이루어졌는지는 모르겠으나, 적어도 내가 느끼기에는 그게 그거였다.

애플에 주문한 새 매킨토시 데스크톱 컴퓨터가 도착했다. 커다랗고 인상적인 외관이다. 배송 상자 측면에는 내용물인 컴퓨터의 사진이 선명하게 인쇄돼 있다. 마치 "나를 훔치세요!"라고 말하는 것 같다(실제로 이 컴퓨터는 애플이 다시 보낸 제품이었다. 먼저 보낸 컴퓨터는 중간에 분실되었다).

그때 나는 왜 새 컴퓨터를 주문했을까? 절망에서 벗어나려는 발버둥이었다. 쓰고 있던 매킨토시가 하루에도 세 번 넘게 충돌을 일으켰던 것이다. 매일매일 말이다. 새 컴퓨터는 뭐가 나아도 나을 거라는 기대를 가졌다. 새로운 CPU를 탑재했으니 적어도 더 빠르기는 할 거 아닌가. 그러면 충돌과 충돌 사이의 시간에라도 더 생산적으로 일할 수 있을 거라고 생각했다.

상자를 뜯었다. 그런데 안 열린다. 상자를 갈기갈기 찢지 않고 개봉하려면 쇠지렛대가 필요하지 않을까 싶을 정도였다. 산업용 스테이플러가 단단히 박혀 있기 때문이었다. 또, 바닥을 스티로폼으로 온통 어지르지 않으려면 상당한 주의를 기울여야 했다. 한참을 끙끙거린 끝에야 마침내 새로운 적수와 대면했다. 가장 먼저 든 생각은 '이 기계가 과연 켜지기나 할 것인가?'였다. 새 제품을 앞에 놓고 무슨 말도 안 되는 걱정이냐고 묻는다면, 이때는 컴퓨터에 치명적 결함이 있는 소프트웨어가 설치된 채 출고되는 일도 심심치 않게 벌어졌다는 사실을 지적하고 싶다. 컴퓨터는 배송 중인데 오류가 발견된 것이다. 그런데 이러한 경우라도 구매자 본인이 직접 애플에다 새로운 구동 디스크를 보내달라고 요청해야만 했다.

이야기 진행을 위해서 일단 새로 도착한 컴퓨터가 한 번에 바로 켜졌다고 가정하자. 기분 좋은 애플 로고가 화면에 뜨고, 스피커에선 교향악 화음이 힘 있게 울려 퍼진다. 모든 게 괜찮을 거라는 희망이 샘솟는다. 하지만 나쁜 예감은 틀리지 않는다고 했다. 전에 쓰던 컴퓨터에서 각종 문서와 응용 프로그램, 확장 프로그램 등을 성공적으로 옮겨와 설치한 후에도 컴퓨터가 여전히 잘 돌아갈 거라는 확신이 없었다.

그런데 가장 두려운 부분은 따로 있었다. 애플은 소프트웨어와 하드웨어 융합을 위해 업계에서 가장 부지런히 노력하는 회사 중 하나이다. 과거 1990년대에도 그랬다. 허나, 프로그램 충돌은 피할 수 없는 골칫거리였다.

먼저, 나는 앞서 쓰던 컴퓨터에서 '감히' 어떤 소프트웨어를 가져올 시도를 해볼지 말지 혼자 결정해야만 했다. 지금까지 업무에 유용하게 써온 프로그램 대부분은 영락없이 새 컴퓨터에서 잘 돌아가지 않고, 설상가상으로 프로그램 설치 과정에서 새 컴퓨터는 영락없이 다운되며, 심지어 재부팅이 안 되는 경우도 속출한다.

어찌됐건 나는 또 하나의 어처구니없는 상황과 맞닥뜨린다. 기존 프로그램 전송을 선택했더니만 새 컴퓨터는 내가 이 소프트웨어의 주인이란 걸 믿지 못한다! 수천 달러나 주고 산 프로그램인데 말이다! 증거를 대란다. 벽장을 한참 뒤져서 겨우 소프트웨어 패키지 상자를 찾아냈다. 정당한 사용자로 인정받으려면 상자에 적힌 시리얼 넘버와 고객 번호를 입력하는 짜증나는 작업을 해야만 한다. 어떤 번호는 열다섯 자리가 넘는다. 자칫 잘못 입력하면 처음부터 다시 쳐야 한다(이게 숫자 0인가, 알파벳 O인가? 소문자 i인가, 숫자 1인가?). 그런 다음에는 재등록을 하기 위해 본인을 확인하는 과정을 거쳐야 한다. 프로그램을 처음 등록할 때 입력한 예전 전화번호를 기억해 내야만 한다는 의미다. 전에 살던 집 주소를 입력해야 할 때도 있다(3년 전에 등록할 때 직장 주소를 썼는지 집 주소를 썼는지도 헷갈린다).

그 다음에 할 일은 프로그램들을 실제로 한번씩 돌려보는 거다. 새 컴퓨터에서 어떤 프로그램이 작동하고, 작동하지 않는지 알아보기 위해서다. 최악은 좀 되다가 안되는 경우다. 이 일을 하면 심신이 지쳐서 너덜너덜해지는 기분이다. 이 프로그램들은 장부, 은행 거래 기록 등 중요한 자료를 처리하기 때문에 새로운 컴퓨터에서 사용할 수 없다면 낡고 느린 데다 하루 세 번씩 다운되는 컴퓨터로 다시 돌아가야 한다. 아니면 기존 프로그램의 데이터를 추출한 다음, 이 새롭지만 지나치게 까다로운 컴퓨터에서 작동하는 다른 프로그램으로 옮기는 고통스러운 작업을 감내해야 한다.

이 과정 내내 어떤 체계적 도움도 없다. 소프트웨어가 이제는 도저히 쓸 수 없게 되었는지, 내가 뭔가 잘못하고 있는지 알려주는 알림창은 나타나지 않는다. 혹시 애플에 전화를 걸면 신속하게 도와줄까? 바랄 걸 바라야지. 지적재산권 문제 때문에 애플은 나를 전혀 도울 수 없을 것이다. 애플의 기술 '향상'이 고객인 나에게는 오히려 새로운 문제의 원인이 된 셈이다.

1990년대 초반에도 애플은 결코 다른 회사보다 나쁘지 않았다. 오히려 많은 면에서 더 낫다는 평가를 받았다. 하지만 갈 길은 멀고도 멀었다. 새벽 4시, 나는 커피에 절어서 새 컴퓨터를 내던지기 일보 직전이었다. 차라리 종이와 연필이라는 믿음직한 오래된 기술로 돌아갈까 고민했다.

애플의 예측 고객서비스

방금 살펴본 두 이야기의 고객 경험에는 큰 차이가 있다. 같은 회사라는 게 믿기지 않을 정도다. 두 가지 설치 이야기 중에서 최근 이야기가 긍정적이라는 건 애플에게도 애플의 고객에게도 다행스러운 일이다. 컴퓨터가 아름답고 디자인이 뛰어난 것은 물론이고 안전한 상품 배송부터 기능적 패키지, 매끄럽고 자연스럽게 옮겨지는 데이터와 프로그램까지 말이다. 그런데 정확히 무엇이 다른가? 그러니까, 이 모든 변화를 일으킨 것은 무엇인가?

애플, 정확히는 현재의 애플이 여러 해 동안 공들여 개선해 내놓은 제품은 마치 전혀 다른 세상에서 온 것처럼 느껴질 정도다. 끔찍한 컴퓨터 업그레이드 과정을 아주 쉬운 직관적 수준으로 탈바꿈시킨 것이다. 가장 중요한 건 사용자가 맞닥뜨릴 수 있는 곤란과 위험을 예측하여 고객 중심의 프로세스를 만든 다음에, 이러한 잠재적 문제점을 발견하지 못해도 아주 쉽게 피해갈 수 있도록 했다는 거다.

그러니 이것은 고객서비스 향상이라기보다는 제품 개선이라고 해야 한다. 이제 상품과 서비스가 결합되지 않은 경우를 찾아보기 힘들고, 고객만족을 원한다면 기술을 기술자에게만 맡겨둘 수 없다. 오늘날 뛰어난 회사들은 '상품'과 '서비스'를 동시에 제공해야 한다는 사실을 알고 있다. 판매와 서비스 과정은 물론, 상품 그 자체 안에도 '예측'을 심어 놓아야 한다.

애플은 놀라운 기술에 기반을 둔 훌륭한 고객서비스의 본보기를 창조해냈다. 애플의 소비자는 안전한 집에서 자신을 사랑하고 경청하는 책임감 있는 부모와 사는 셈이다. 애플의 컴퓨터는 당신에게 묻지 않고 소프트웨어가 최신 버전인지 확인한다. 지금 사용하는 컴퓨터가 첫 매킨토시가 아니라면 알아서 이전 컴퓨터에서 개인 데이터와 설정사항들을 가져온다. 설치 과정을 모두 끝마친 다음에는 새로운 컴퓨터에 적응하는데 도움이 되는 몇 가지 방법을 알려준다. 애플스토어에 초대하는 것도 그중 하나다.

고객 가까이 밀착하라

애플은 제품을 설계하고 판매하는 과정에 첨단 기술에 기반한 예측 고객서비스를 단단히 이식한 독보적인 회사이다. 하지만 그런 서비스를 애플만이 제공하는 건 아니다. 이른바 '알고리즘에 의한 고객 예측'에 있어서 넷플릭스Netflix|영화를 실시간으로 내려받아 보는 인터넷 서비스를 제공하는 회사|를 능가하는 회사는 없다(다른 분야의 회사가 반복해 벌이는 고객서비스 실수와 대비하면 더 괄목할 만하다). 고객이 보고 싶은 영화를 예측하는 넷플릭스의 능력은 신통력에 가까울 정도다. 그들의 알고리즘은 놀랍도록 뛰어나고 신비하다. 넷플릭스는 가족이나 친구 혹은 그 어느 영화평론가보다도 훨씬 더 정확하게 내가 좋아할 영화를 알아맞힌다. 넷플릭스의 예측 고객서비스는 고객의 우편번

호부터 과거에 즐겼던 영화 목록까지 많은 정보를 가지고 있기 때문에 가능하다.

그런데 사람들은 이러한 수준의 예측 서비스를 활용하는 것은 물론이고 점점 더 많은 것을 기대하고 있다. 고객이 마음에 쏙 드는 결과를 얻기 위해서 마우스를 클릭해야 하는 횟수를 줄여야 하고, 고객이 실수로 불필요한 돈을 쓰게끔 놔둬서도 안 된다. 그건 고객의 실수가 아니라 당신의 실수가 된다. 이를 너그럽게 용납하는 고객은 이제 이 세계에선 멸종 직전이다. 아마존닷컴(예측 고객서비스에 능숙한 또 하나의 회사)은 고객이 이미 구매한 전자책을 또 사려고 하면 이미 그 책을 샀다는 사실을 알려준다.

'고객서비스 기술'과 '서비스 프로세스'는 적극적으로 고객의 실수를 막아주도록 설계되어야 한다. 그래서 마치 고객 옆에 서서 개별적인 요구나 편의에 맞게 대응하는 것처럼 작동할 수 있어야 한다.

✳ ✳ ✳

고객서비스의 성과는 당신이 고객의 입장에서 고민하는 정도에 달려 있다. 고객 경험에 초점을 맞추는 능력이 필요하다는 거다. 이러한 능력은 대체로 기업 문화와 직원들에 의해 좌우된다. 여기에 관해서 알아보자.

요약

대부분의 회사는 다음과 같은 4단계 체계를 사용하여 만족스러운 고객서비스를 제공할 수 있다.

① 완벽한 제품 혹은 서비스
② 세심한 배려와 친절한 매너로 전달
③ 적시성
④ 효율적인 문제해결 과정의 뒷받침

이 방법을 이용해 만족스러운 고객서비스를 일관되게 제공할 수 있다. 하지만 예측 고객서비스는 완전히 다른 차원의 게임이다. 예측 고객서비스야말로 강력한 고객 충성심을 이끌어내 진정한 브랜드 자산을 구축할 수 있는 방법이다.

▶ 고객의 희망과 필요를 제대로 예측해 서비스할 수만 있다면 고객은 당신의 제품이나 서비스 없이는 살 수 없다고 생각하게 될 것이다.

▶ 애플의 대표적인 성공사례인 애플스토어의 고객 경험 개선은 물론이고, 한때 개인용 컴퓨터 사용자의 악몽이었던 업그레이드 과정을 아주 쉬운 직관적 수준으로 탈바꿈시킨 사례를 분석해보라. 사용자가 맞닥뜨릴 수 있는 상황을 예측하고 일어날 수 있는 잠재적 문제점을 쉽게 피해갈 수 있도록 고객 중심의 프로세스를 만드는 것이 중요하다.

▶ 고객만족을 원한다면 기술을 기술자에게만 맡겨둘 수 없다. 오늘날 뛰어난 회사들은 '상품'과 '서비스'를 동시에 제공해야 한다는 사실을 알고 있다. 고객 만족을 극대화하기 위해서는 상품 자체에 예측 고객서비스를 심어 놓아야 한다.

▶ 사람들은 예측 고객서비스를 활용하는 것은 물론이고 점점 더 많은 것을 기대하고 있다. 고객이 마음에 쏙 드는 결과를 얻기 위해서 마우스를 클릭해야 하는 횟수를 줄여야 하고, 고객이 실수로 불필요한 돈을 쓰게끔 놔둬서도 안 된다. 그건 고객의 실수가 아니라 당신의 실수가 된다. 이를 너그럽게 용납하는 고객은 이제 거의 없다.

제5장

예측 고객서비스: 기업 문화

너무 실망스러운 이야기가 아니었으면 한다. 경쟁사는 당신이 자랑해 마지않는 어떤 비즈니스적 강점도 모방할 수 있다. 경쟁자가 주변을 어슬렁거리게 되는 건 결국 시간문제이다.

그들이 빼앗아갈 수 없는 건 당신 회사의 문화뿐이다. 강력한 기업 문화는 강력한 복제 방지 기능을 갖고 있다고 말할 수 있다. 앞서 제4장의 모범 사례였던 애플을 보자. 애플 수석부사장을 지낸 제이 엘리엇 같은 내부자는 애플이 대중을 상대로 한 판매에서 성공을 거둘 수 있었던 중요한 이유로 '문화 적합성cultural fit'을 지목한다. 애플스토어와 유사한 가게를 차려놓고 애플 제품을 파는 모방 매장이 여기저기 생겨나고 있지만 애플은 걱정할 필요가 없다.[1] '짝퉁' 매장에는 가장 중요한 '애플 마인드'를 지닌 직원이 없을 테니까. 강력한 경쟁사인 마이크로소프트도 회사 직판 매장을 늘리는 데 역점을 두고 막대한 투자를 선언했지만 결과는 마찬가지다. 이런 관점에서 이사도어 샤프의 포시즌스 호텔도 귀감이 된다. 포시즌스는 서비스와 관련하여 모든 업계를 통털어서 다섯 손가락 안에 꼽히는 기업이다. 그들은 오랜 세월 동안 고객서비스를 혁신하고 성공을 이루었다.[2] 포시즌스의 설립자이자 회장인 샤프는 포시즌스가 성공한 이유에 대해 이렇게 말했다.

> 여러 해 동안 많은 호텔이 우리를 벤치마킹했으며, 우리가 최초로 시도한 수많은 아이디어들이 업계 표준이 되었다. 그러나 고객들이 가장 소중하게 생각하는 한 가지는 결코 따라할 수 없을 것이다. 그것은 바로 변함없는 우리의 특별한 서비스이다. 이것은 우리의 기업 문화에 근거를 두고 있기 때문이다.[3]

강력한 기업 문화는 왜 이토록 복제하기가 힘든 것일까? 경우에 따라서는 지식이 부족하기 때문일 수도 있다. 하지만 이제 지식이 일급비밀인 경우는 거의 없다. 나 역시 이러한 지식을 알아내는 족족 예외 없이 열심히 말하고 책으로 쓴다. 당신과 당신의 경쟁자 모두가 알 수 있게 말이다. 그렇다면,

---

1 Scott Martin, "How Apple Stores Rewrote the Rules of Retailing," USA Today, 2011년 5월 18일자. usatoday30.usatoday.com/tech/news/2011-05-18-apple-retail-stores_n.htm?csp=34money&dlvrit=110940.

2 Barbara Talbott, "The Power of Personal Service," Cornell University School of Hotel Administration/The Center for Hospitality Research, 2006년 9월, www.hotelschool.cornell.edu/research/chr/pubs/perspective/perspective-14183.html.

3 이사도어 샤프, 《사람을 꿈꾸게 만드는 경영자》(지식노마드, 2011년)

'짝퉁' 기업 문화가 불가능한 진짜 이유는 무엇인가? 대답은 간단하다. 경쟁자들은 단기적인 성과에만 집착하기 때문이다.

단기 성과의 저주

주변을 둘러보자. '이번 달 영업 목표'니 '이번 분기 예상치'니 하면서 오로지 단기적 성과에만 집중하는 회사들을 볼 수 있다. 신규 업체들도 상황이 비슷하다. 그들은 대출한도를 초과하지 않으면서 급여를 만드는 데만 집중한다. 단기 목표는 업무 추진력을 자극할 수 있는 반면, 단기 성과에 대한 집착은 재앙과도 같은 결과를 이끌어낼 수 있다.

이것은 비즈니스를 통해 드러나지만 결국은 사람의 문제다. 비즈니스를 하는 사람이 적극적으로 대항해 싸우지 않는다면 그 결과는 비참하다. 우리는 극단적 단기성과주의의 후유증을 아직 기억하고 있다. 주식 시장과 부동산, 세계 경제가 무너지는 참사였던 2008년 금융위기를 말하는 것이다. 그 원인은 말도 안 되게 설정된 가계 대출이었다. 신용이 불량한 주택 소유주가 부채를 상환한다는 것은 불가능한 일이다. 〈뉴욕타임스〉 기자 그레첸 모건슨은 이렇게 정리했다.

"거품이 지속되던 동안은 즐거웠다. 적어도 부실 대출을 만들고 그것을 투자자에게 팔아 큰돈을 챙긴 금융인들에게는."[1]

다음 목록은 근시안적 행태로 금융위기를 촉발한 주범들이다.

---

1 Gretchen Morgenson, "Some Bankers Never Learn," New York Times, 2011년 7월 31일자 Business 섹션.

- **모기지론(주택담보대출) 판매 금융사**

  허위 내역서 작성을 부추기고, 무담보–무신용 대출로 수수료를 긁어
  들였다.

- **부동산 업자**

  버블 경고 신호를 무시한 채 언제 폭락할지 모르는 주택 부동산 시장에
  계속 일반인들의 자금을 유입시켰다.

- **채권중계인과 신용평가회사**

  저질 대출을 묶어 분할발행 형태로 팔면서 이것이 마법처럼 현금으로
  바뀔 거라는 이상한 계산법과 대책 없는 낙관론을 받아들였다.

- **의회**

  ING를 비롯한 많은 금융사가 '규제자 쇼핑'을 하도록 허락했다. 자신을
  관리감독할 기관을 직접 고르게 한 것이다. 그 결과, 진흙탕 같은 현실
  에서 가장 거대하고 힘 있는 금융사가 가장 작고 약한 기관의 통제를
  받는 일이 벌어졌다. 또한, 규제자는 피규제자를 늘리려는 욕심에 느슨
  한 관리감독을 약속했다.[1]

전 세계가 단단히 걸려든 이 골치 아픈 문제에 관한 무의미한 논쟁을 하려

---

1 시카고 공영 라디오의 "This American Life"를 통해 금융위기의 원인을 생생하게 들여다볼
  수 있다. 팟케스트를 무료로 다운받아 들으면 된다. (NPR의 팟케스트) Planet Money와 (방
  송계의 퓰리처상인) 피바디상 수상자의 협업으로 탄생한 "The Giant Pool of Money"라는
  에피소드부터 시작할 것. www.thisamericanlife.org/radio-archives/episode/355/the-giant-pool-
  ofmoney.

는 건 아니다. 단기적 성과의 덫에 놀랍도록 잘 걸려드는 인간의 모습을 보여주고, 더 멀리 바라보는 자세로 당신과 직원, 궁극적으로는 고객을 위한 훌륭한 기업 문화를 일군다면 어떤 결과를 얻게 될지 알려주기 위해서 금융위기의 예를 든 것이다. 장기적 관점의 투자는 롱런한다. 당신의 경쟁자들은 기업 문화를 만들기에 충분할 만큼 꾸준하거나 인내하지 않을 것이기 때문이다. 미국 유수의 대형 항공사들이 저가 항공사 사우스웨스트의 성공을 빠르게 모방하려고 했다가 어떻게 되었던가. 유나이티드 항공의 유나이티드 셔틀United Shuttle, 콘티넨탈 항공의 콘티넨탈 라이트Continental Lite, 델타 항공의 델타 익스프레스Delta Express, US 에어웨이즈의 메트로 제트Metro Jet|사우스웨스트를 벤치마킹하여 설립한 저가 항공 자회사들|는 무엇이 모자랐나? 돈? 인지도? 아니다. 사우스웨스트 항공처럼 기업 문화에 대해 끈질기게 집중하지 않았던 것이다. 이들은 모두 역사 속으로 사라졌다.

의식적으로 기업 문화를 일구어야 하는 이유

용기 없는 자는 기업 문화를 키울 수 없다. 그들은 꼼꼼히 살펴 변화를 일으키지 못한다. 기업 문화는 눈앞의 이득을 쫓는 자를 위한 것도 아니다. 회사의 평판이 훌륭한 고객서비스에 달린 기업에게 기업 문화는 그 창조성과 지속성의 핵심이다. 이유는 다음과 같다.

● 고객과 직원 사이에 발생하는 상호작용의 횟수는 거의 무한하다. 이와 관련하여 코넬대학교 호텔연구센터Center for Hospitality Research는 구체적인 숫자를 내놓는다. 연구 결과에 따르면 250실의 객실 규모를 가진 호텔 사

업장은 직원과 손님 사이에 매일 약 5,000번의 상호작용이 발생한다고 한다.[1] 회사의 리더가 5,000건의 상호작용을 일일이 통제할 방법은 없다. 리더가 할 수 있는 유일한 방법은 직원 각자가 무엇이 필요한 일이며 그 이유는 무엇인지 이해하도록 하여 상호작용의 절대 다수가 올바른 방향으로 이루어지도록 유도하는 것이다.

- 날이 갈수록 발전하고 있는 첨단 기술은 강력한 문화가 없는 회사의 문제를 더욱 크게 만든다. 예를 들어, 소셜미디어로 고객서비스를 하는 가장 좋은 방법은 자사의 기업 문화에 완전히 동화된 직원이 소셜미디어를 다루게 하는 것이다. 무엇이 기업 문화와 일치하고 무엇이 그렇지 않은지 이해하는 직원만이 고객에게 최선의 이메일 답변을 보낼 수 있다. 다른 방식은 위험하다. 재앙의 씨앗을 품는 셈이다. 인터넷에서 나쁜 얘기는 들불처럼 번지니까.

- 기술뿐 아니라 비즈니스에 관련된 많은 것들이 계속해서 변화하고 있다. 이 책에서 말하고 있는 '변화'도 당신이 이 책을 읽을 때쯤이면 이미 옛날 이야기가 된다. 하지만 우리는 계속 고객을 위해 일해야 한다. 강력한 기업 문화가 있어야 직원은 확신을 가지고 고객이 원하는 방향으로 변화에 반응하고, 비즈니스에 유리한 방향으로 변화를 활용할 수 있다.

---

1 Barbara Talbott, "The Power of Personal Service," Cornell University School of Hotel Administration/The Center for Hospitality Research, 2006년 9월, www.hotelschool. cornell.edu/research/chr/pubs/perspective/perspective-14183.html.

- 직원은 놀랍도록 정확한 '헛소리 탐지기bullshit detector'를 가지고 있다. 헤밍웨이의 유명한 표현을 빌려온 것이다. "좋은 작가가 되려면 가장 필요한 것이 무엇입니까?"라는 기자의 질문에 헤밍웨이는 "충격에 강한 본인 내장형 헛소리 탐지기"라고 답했다. 조직 내부의 작은 불공정한 일에도 민감하게 반응한다는 뜻이다. 직원의 헛소리 탐지기가 울리지 않게 하는 유일한 방법은 회사의 모든 것을 기업 문화와 일치하도록 정렬하는 것이다. 내부 불만은 결국 고객 불만으로 이어진다.

- 내 컨설팅 고객의 가장 큰 골칫거리는 직원의 불성실한 태도다. 사장이 외출만 하면 직원의 행동이 달라진다는 것이다. 하지만 기업 문화가 훌륭한 회사의 직원은 그렇지 않다. 직원의 행동이 달라질까봐 자리를 지키고 있을 필요가 없다. 직원은 스스로 동기를 부여하며, 이는 주변 모든 사람들로 인해 한층 더 강화된다.

구글을 따라할 수는 없지만 당신도 할 수 있는 일이 있다

내가 당신에게 기업 문화를 어떻게 하라고 말해줄 수는 없다. 정말이다. 하지만 기업 문화가 어때야 하는지는 말해볼 생각이다. 직원들부터 시작해보자.

질문: 고객이 원하는 바를 가장 잘 아는 사람은? 관리자? 아니면 매일 고객과 얼굴을 맞대는 직원?(누가 봐도 뻔한 질문이다. "학생에게 필요한 걸 누가 가장 잘 알까? 수십 년 동안 교실에 들어가 보지 않은 공무원일까, 아니면 매일 가르치는 교사일까?") 여기에 대한 대답은 각자 잘 했으리라 믿고, 그럼 직원을 어떻게 대

'예스'라고 말하는 기업 문화

우리 집에서 차로 40분 거리에 아이스크림 가게가 있다. 먼 거리를 운전해 갈만큼 맛있는 곳이다. 매장은 복고풍이면서 상상력을 자극하는 인테리어로 꾸며져 있고 직접 아이스크림을 만든다. 직원들도 친절하다. 아니, 친절한 듯하다.

이 가게의 직원에게 부족한 것은 "예스"라고 말하는 문화다. 자신의 부족한 점에 대해 "예스"라고 말하는 문화가 없다면 고객은 "노"라며 등을 돌리기 시작할 것이다.

내가 어느 날 그곳 직원의 결점을 발견했듯이 다른 고객도 비슷한 경험을 하게 될 것이다. 내가 부탁한 것은 단지 약간의 융통성이었다. 그때 나는 우리 식구와 손님이 먹을 아이스크림을 사고 값을 계산하고 있었다. 그러면서 우리 아이들이 바이올린 선생에게서 받은 아이스크림 교환권으로 아이스크림선데sundai를 먹고 싶어 한다고 말했다.

"교환권은 한 스쿠프짜리인데, 선데에는 모두 두 스쿠프가 들어갑니다. 죄송하지만 안 됩니다." 계산원의 대답이었다.

"안 됩니다"라는 답변 대신에 "예, 해드릴게요. 교환권 금액을 뺀 차액만 지불하시면 돼요"라는 말이 나왔다면 훨씬 더 좋았을 거다. 그랬더라면 자동차 왕복 80분에 더해 6분 간 아이스크림을 '흡입'한 우리가 불필요하게 기분 상할 일은 없지 않았을까?

* * *

아이스크림 가게 같은 사업장이라면 "예스"라고 말하는 기업 문화를 일구는 일은 비교적 단순명료한 과제이다. 하지만 그게 쉽지 않은 비즈니스 현장도 있다. 자동화된 온라인 전자상거래 업계에서는 그리 간단한 문제가 아니다. 웹사이트의 모든 방문자를 반드시 고객으로만 여길 수 없는 경우도 있다(이베이와 그 자회사인 페이팔이 떠오른다). 고객으로 가장한 일부는 실상 옛날부터 있어온 (혹은 초현대적 수법의) 도둑일 뿐이다. 그들은 속이고 훔친다. 안타까운 현실이다. 그래서 온라인 회사는 자신의 이익뿐만 아니라 다른 고객을 위해서도 물샐 틈 없는 보안 정책을 강제해야만 한다.

그렇다고 하더라도, 실제로 웹사이트에 글을 남기거나 전화 통화를 원하는 진짜 고객은 여전히 있으며, 그들이 접촉해 왔을 때 고객 담당자는 "예스"라고 말하는 문화를 보여주어야만 한다. 설령 회사가 꾸준한 공격을 당하는 상황에 있더라도 말이다.

전자상거래의 극단에서 균형을 유지하기는 힘들다. 만약 아이스크림 가게의 비유를 완전히 받아들이기 힘들다면 무엇을 벤치마킹 모델로 삼아야 할까? 일단, 고객을 잘 대접하는 은행이나 신용조합이 떠오른다. 보안 절차를 진행하는 곳들이다. 하지만 매일 오는 고객에게 계속해서 확인을 요구하지는 않는다. 우수 고객에게는 출금 수수료를 면제해 주기도 한다. 이것이 고객에게는 "예스"라고 말하는 문화이다.

해야 할지 생각해 보자. 정답은? 당신이 대우받고 싶어하는 방식대로다.

이제 문제는 명료해진다. 당신이 제공할 수 있는 물리적인 사내 환경이 픽사토이 스토리를 제작한 디지털 애니메이션 제작사의 그것과 비교도 안 된다고 낙담하지 마라. 픽사의 사무실은 완벽하다. 압도적이다. 혹은, 구글처럼 기술직 직원이 업무 시간의 5분의 1을 떼어서 각자가 원하는 프로젝트를 진행할 수 있게끔 한 '20퍼센트 시간'과 같은 제도가 우리 여건에서는 불가능하다고 낙심할 필요도 없다. 구글은 이처럼 용기 있고 뛰어난 정책으로 G메일을 비롯한 여러 가지 핵심 서비스를 개발했다. 하지만 구글만큼 자금이 여유롭지 못한 회사라면 자살 행위로 보일 수도 있다(구글보다 자금 여유가 많은 회사가 얼마나 있을까). 그러니, 픽사와 구글을 따라 하기보다는 그저 당신이 대우받고 싶은 대로 직원들을 대하기 시작하라.

이게 무슨 의미일까? 직원을 막 대하거나 그들에게 변덕을 부리는 일이 절대로 없어야 한다는 거다. 더불어 직원의 생각과 시선, 우려를 묻고 고려하며, 업무 내용과 근무 시간의 틀을 짜면서 직원의 권리와 함께 자기개발의 기회도 염두에 두어야 한다. 이건 보도자료에 박아 넣기 위한 뻔한 내용이 아니라 기업 문화에 잘 뿌리박은 진실한 방식이어야 한다. 다시 말해보자. 구글 본사인 구글플렉스Googleplex를 소개한 언론 기사에는 눈길도 주지 말고 생각해라. '업무에 지친 직원에게 마사지 지원금을 줘야 하는 걸까?' 매달 월급날 통장 잔고와 전쟁을 치르는 보통 회사의 사장 입장에서는 꿈같은 얘기다. 그러는 대신에 구글의 사례를 보고 이렇게 생각한다. '어떻게 하면 구글처럼 우리 회사도 아이를 가진 직원에게 좋은 일터가 될 수 있을까?'(많은 직원이 이미 엄마, 아빠이거나 언젠가는 그렇게 된다.) 이것은 영리한 비즈니스 전략이자 튼실한 기업 문화 건설의 방법이다.

인간 세계의 규칙은 바뀌지 않았다. 오랜 세월 동안 많은 고용인은 오로지 피고용인을 착취하고 유린해왔을 뿐이다. 하지만 당신은 더 나아질 수 있다. 픽사나 구글을 복제하지 않고도 말이다. 이것은 동시에 나 자신을 파산의 위험에서 구해내는 길이기도 하다.

임금 및 복지 혜택

회사 운영 이야기에서 직원의 임금과 복지 혜택에 대한 언급을 빼놓을 수는 없겠다. 임금과 복지야말로 기업 문화를 일구는 중요한 부분이기 때문이다. 임금 수준은 업계 평균보다 충분히 높을 것을 권한다. 그러면 적어도 생활고 때문에 이직하는 직원은 없을 것이다. 만약에 많은 급여를 줄 여력이 안 된다면 적어도 공정해 보이는 액수를 공정한 방식으로 줄 필요는 있다. 다시 정리해 보자.

- 급여 수준은 다른 회사의 비슷한 직책에 있는 사람이 받는 만큼은 되어야 한다(예외: 직원들이 인정하는 사유가 있다면 괜찮다. 예를 들면, 신생 회사는 자리를 잡기까지 애쓰는 과정에서 구성원의 일시적 희생을 요구하기도 한다).

- 급여 수준은 당신 회사 내 비슷한 직책이나 비슷한 자격, 비슷한 업무를 하는 사람이 받는 만큼은 되어야 한다.[1] 직원이 타 직원의 급여명세표를 보지 않는다거나 비밀 연봉 협상 결과에 관해 쉬쉬할 거라는 생각으로는 성공적인 기업 문화를 일굴 수 없다. 요즘 세상이 어떤 세상이냔 말이다. 글래스도어닷컴www.glassdoor.com 같은 연봉 공개 사이트까지 있는 마당에 말도 안 되는 소리다. (아직도 이런 사실을 모른다면 잠깐 짬을 내서 글래스도어닷컴을 살펴보기 바란다. 직원들의 아주 솔직한 목소리를 들을 수 있다. 미국의 대학교수 평가 사이트인 레이트마이프로페서스닷컴www.ratemyprofessors.com의 기업 판이다.)

- 복지제도. 직원들은 복지 혜택을 받음으로써 기업 문화에 동화되어야 한다. 복지 혜택을 제공하는 건 회사가 직원을 신경 쓰고 있다는 것을 보여주는 최고의 방법이다.

---

1 다니엘 핑크, 《Drive 드라이브- 창조적인 사람들을 움직이는 자발적 동기부여의 힘》(청림출판, 2011)에 여기에 관한 좋은 언급이 있다.

문화 적합성과 괴짜: 직원 채용의 기준

실력이 아무리 출중하더라도 회사가 추구하는 기업 문화와 맞지 않는 사람은 고용하지 말아야 한다. 간단한 얘기다. 그런데 주의할 점이 있다. 기업 문화에 '적합하지 않은' 사람이 곧 괴짜를 의미하지는 않는다. 나는 괴짜를 좋아한다. 성격이 외향적이지 못해서 면접에 자꾸 실패하는 이들도 좋아한다. 괴짜라는 이유로 '부적합' 판단을 한다면 그것은 문화 적합성의 개념을 잘못 이해한 것이다(나는 경제지 〈Inc.〉에 미국 전역으로 확장을 꾀하는 미용실 체인의 고객서비스 개선점에 관해 기고한 적이 있다.[1] 그 미용실은 오로지 홍겹고 쾌활한 성격의 직원만 뽑고 있었다. 우려스러웠다. 나는 이렇게 조언했다. "이 미용실 체인에 정말로 필요한 것은…… 손님의 다양한 성격을 맞출 줄 아는 직원인 것 같다. 우울한 손님도 온다. 쓸데없는 얘기를 싫어하는 여성 사업가도 있을 것이다. 모든 직원이 그들을 잘 응대할 수 있어야 한다"). 그렇지만 직원 사이에 인간관계의 기술이 요구되는 경우도 분명히 있다. 사내 팀워크 문화에 대한 적합성이 그렇다(133쪽 참조). 만약 직원의 기업 문화 적합성을 이 정도까지 맞출 수 있다면 훌륭한 기업 문화를 일구는 데 큰 도움이 될 것이다.

동료 압력의 긍정적 효과: 채용 기준이 중요한 이유

직원 채용은 고객 응대에 큰 영향을 미친다. 당신이 고용한 직원이 고객과 직접적인 상호작용을 하기 때문이다. 그리고 이유가 한 가지 더 있다. 직원들이 서로 주고받는 '동료 압력'이다. 이러한 압력은 부정적일 수도 긍정적

---

1 Leigh Buchanan, "A Customer Service Makeover," Inc., 2011년 3월호, www.inc.com/magazine/20110301/a-customer-service-makeover.html.

일 수도 있다. 그 역동성에 주의를 기울이는 것이 강력한 기업 문화를 만들고 직원을 잘 뽑는 회사들의 비밀이다.

퓰리처상 수상 작가인 티나 로젠버그는 긍정적인 동료 압력이 큰 힘을 발휘한 사례를 정리하였다. 긍정적인 동료 압력은 담배 회사의 마케팅과 싸우는 데 효과적이었고(흡연 청소년은 부모의 금연 요구는 무시했지만 담배 회사의 마케팅이 흡연을 부추기고 있다는 사실에는 분개했다. 여기에 대한 공감대가 또래 집단에서 형성됨으로써 새로운 금연 분위기가 만들어졌다), 아프리카계 미국인 학생의 빈약한 수학 실력 향상에도 도움을 주었으며(아시아계 미국인 학생의 또래 스터디그룹을 벤치마킹하여 미적분 공부를 친구 사귀기처럼 만들었다), 이밖에 많은 영역에서 유용하게 쓰였다.[1]

애플, 사우스웨스트 항공, 포시즌스 호텔처럼 고객서비스가 뛰어난 회사에서는 긍정적인 동료 압력이 역동적으로 작용한다. 하지만 구체적인 내용은 회사에 따라서 크게 다르다.

- **애플**

  애플의 '쿨한 녀석들cool kids'은 애플 제품을 사랑하며 새로운 애플 사용자를 늘리는 일에 열심이다. 또한 그들은 회사의 지적재산을 열성적으로 보호한다.

- **사우스웨스트**

  탑승구 직원이 기내 수화물 수납을 돕고, 조종사가 휠체어를 밀 정도로 고객을 돕는 일에 한계를 두지 않는다. 협력을 당연하게 여기는 동료

---

1 티나 로젠버그Tina Rosenberg, 《또래압력은 어떻게 세상을 치유하는가》(알에이치코리아, 2012).

죽음을 부르는 디지털 산만증

우수한 직원을 뽑아서 동기부여하고 교육을 아무리 잘 했다 하더라도 고객과 얼굴을 맞대는 그들이 스마트폰 같은 디지털 기기의 화면에 정신을 팔고 있다면 모든 노력은 물거품이 된다. 신기술의 이런 어두운 측면이 당신의 값진 노력을 밑 빠진 독에 물 붓기로 만든다. 사례를 살펴보자.

'디지털 산만증'은 고객과의 관계를 무덤으로 보낸다. 최근에 내가 호텔에 체크인 했을 때의 경험담이다. 온종일 비행기 안에 갇혀서 대륙을 횡단하고 호텔에 들어섰는데 프런트 직원은 인터넷 서핑을 하느라 한동안 나와 눈도 마주치지 않았다. 정말이지 털썩 주저앉고 싶은 기분이었다.

그런데 디지털 산만증이 실제로 죽음을 불러올 수도 있다. 우리 가족은 수영장이 딸린 유명 패밀리 리조트에서 휴가를 보냈다. 수영장은 두 조의 안전요원들이 교대로 지키고 있었다. 그런데 그들은 너 나 할 것 없이 모두 일하는 척하며 스마트폰만 들여다보았다. 상황이 이렇다면, 물에 빠진 투숙객이 설령 목숨을 건진다고 해도 호텔 이미지는 먹칠이 된다. 이 점을 이해하는 게 중요하다.

한번은 역사협회의 범선 여행에 참여하였는데, 그 배의 선장은 한 손으로 방향타를 잡고 다른 손으로는 휴대폰으로 식사를 주문하고 있었다. 배에는 나를 포함해 스물다섯 명의 승객이 타고 있었다. 당장 할일이 없다고 해서 휴대폰 문자를 입력하고 있는 항공기 객실 승무원도 마찬가지다. 이런 승무원이 있는 비행기를 탄 게 올해에만 벌써 세 번이다. 그들의 무신경 때문에 비행기가 추락한 건 아니지만 승객의 커피 리필 요청이 이뤄지지 않았다. 휴대폰 문자를 보내는 승무원은 자신을 부르는 승객의 손짓을 볼 수 없다. 이 광경을 목격한 다른 승객도 일종의 불쾌감을 느꼈을 것이다.

이러한 사례는 해당 브랜드의 평판에 막대한 영향을 끼친다. 전통적 개념의 '마케팅'보다 훨씬 더 파급력이 크다. 인터넷 서핑을 하느라고 손님과 눈도 안 마주친 호텔 직원은 다른 동료들이 한 건 한 건 힘들게 쌓아 올린 회사의 브랜드 가치를 혼자서 다 깎아먹은 셈이다. 푸대접을 받은 고객은 웬만하면 다시 돌아오 문화 덕분에 가능한 일이다.

● **포시즌스**

투숙객의 아이에게 우유와 과자를 가져다주는 일이든, 자연재해가 발생했을 때 고객을 구조하는 일이든 고객서비스를 위해서라면 무엇이든 서로 협력한다.

거래처는 적이 아니라 파트너다

직원 말고도 한 팀이 되어야 할 이들이 있다. 영업 대리점과 납품업자이다. 신뢰와 주고받음의 문화로 그들과 튼튼한 관계를 쌓아야 한다. 왜 그래야 할까? 올바른 대우를 해줌으로써 거래처를 당신 편으로 만들면 그들은 힘든 고객을 대신 상대해 주고, 또 자신의 지식과 노력을 바탕으로 고객을 위한 미래 혁신 아이디어를 제안할 것이다.

여기서 질문. 당신이 파는 상품에 관해 누가 더 많이 알까? 당신일까, 아니면 거래처일까? 확실히 답할 수 없는 문제다. 양쪽의 지식 기반이 모두 필요하다. 당신에게는 최종소비자로부터 얻은 특별한 지식이 있고, 거래처는 당신과 나눌 구체적 상품 지식을 가지고 있다. 요점은, 당신이 그들의 지식과 지원을 원한다면 그들을 진정한 파트너로 대해야 한다는 거다.

나는 오아시스Oasis라는 주문제작 CD 회사를 운영한다. 그런데 이 회사와 관련한 '나의' 가장 좋은 아이디어는 사실 거래처 사람들이 내놓은 것이다. "마이카 씨, 이거 어떻게 생각합니까?" 그러고는 정말로 현재 시장을 앞서가는 아이디어를 툭 던져놓는다. 그들이 처음에 제안한 콘셉트는 아마도 마케팅 측면에서 뭔가 어긋났거나 투박할 수 있다. 하지만 서로를 존중하며 아이디어를 가다듬다 보면 무언가 멋진 새로운 일에 착수하게 된다.

온라인 신발 쇼핑몰 자포스는 납품업자가 납품 물건의 판매량과 이윤을 비롯한 모든 것을 투명하게 볼 수 있도록 자포스 시스템 거의 전부를 개방한다. 자포스는 납품업자를 파트너로 대우한다. 납품사들 사이에서 자포스의 선호도는 최고이다.[1]

그러나 영업 대리점과 납품업자를 정당하게 대하는 회사가 과연 얼마나 될까? 시너지 효과와 상호 존중의 접근법보다는 상대의 피를 빨아먹고 버리려는 태도가 훨씬 더 만연해 있다. 적어도 미국에서는 그렇다(일본의 게이레츠 전통에서는 상호 신뢰의 문화가 더 보편적이다).[2] 거래처는 쥐어 짜이고, 불공정을 감수하고, 제살 깎아먹기 경쟁을 강요당한다. 만에 하나라도 이 같은 생각을 품는다면 당신은 너무 많은 것을 잃게 될 것이다. 회사 안에서 이런 생각의 모든 자취를 찾아내서 없애라고 권한다.

---

1 토니 셰이, 《딜리버링 해피니스》(북하우스, 2010년).

2 게이레츠系列의 모든 면이 항상 긍정적이라는 얘기는 아니다. 여기서는 공급업자의 헌신이 풀기 힘든 거미줄에 엉켜 들어간다. 게이레츠의 양지와 음지에 관해 더 자세히 알고 싶다면 카를로스 곤Carlos Ghosn이 닛산자동차를 살려낸 일화를 살펴보면 좋을 것이다. 이 책에서 다루지 못한 아쉬움이 있다.

고객과 거래처, 직원을 대하는 방식을 명확히 정해라

비즈니스와 관련된 사람들을 어떻게 대할 건지 직접 말로 내뱉어서 표현하고 기록한다. 이렇게 스스로 세운 기준에 의하여 당신이 하는 모든 일을 평가할 수 있다. 그 결과로 기업 문화는 틀이 잡히고 단단해진다. 고객과 직원, 거래처를 대하는 방식을 핵심 가치로 펼쳐 내라. 그것을 명확히 말하라. 대우받고 싶은 방식대로 직원과 거래처를 대하고 싶다면 그 생각을 글로 써라. 응대받는 고객이 구체적으로 이런 기분을 느꼈으면 좋겠다 싶은 것이 있으면, 예를 들면 고객이 내면의 욕망을 미처 깨닫기도 전에 그들에게 기억에 남는 즐겁고 안전한 경험을 제공하고 싶다면 그 내용을 종이에 기록하라.

이것은 사실 훌륭한 고객서비스를 가능하게 하는 방법이다. 왜일까? 직원에게 올바른 관심을 주면 직원은 고객을 감동시키기 때문이다. 하지만 오직 적절한 대우를 받는, 동기부여와 권한부여가 된 직원만이 계속해서 고객에게 멋진 경험을 선사할 것이다. 정당한 대우를 받는 거래처 역시 고객에게 긍정적인 영향을 준다. 이번에도 오직 적절한 대우를 받는, 진정한 파트너인 거래처만이 고객이 필요로 하는 순간에 고객의 요구를 충족시킬 수 있다. 직원과 거래처를 올바로 대하면 우리가 그토록 바라던 금상첨화의 고객서비스가 마침내 현실이 된다. 이 모든 것을 분명하게 표현하고 이행할 준비를 갖춰라. 지속가능한 고객서비스 성과를 이루기 시작하는 가장 좋은 방법이다. 결국 이는 회사의 지속가능함으로 돌아온다.

회사의 핵심 가치를 정한다

다음은 어느 폐업한 회사의 사무실에서 내가 실제로 발견한 사내 강령이다. 먼지를 가득 뒤집어쓰고 있었다. 브레인스토밍 회의를 거쳐 강령을 정하고 나서 금세 신경도 안 쓰게 된 상황이 눈에 훤히 보였다.

> 우리는 품질 우선주의와 고객 중심을 실천하는 업계 최고의 제품 공급자가 될 것이다. 최첨단 기술 개발과 엄격한 품질 관리를 통해 무한한 성장과 지속 가능한 수익 구조를 창출한다.

훌륭한 기업 문화는 이렇게 싹트지 않는다. 한 회사의 문화는 말과 함께 시작될 수 있지만, 거기에 당신이 실제로 옹호하는 결정을 담아내야만 한다. 그 결정을 가능한 한 짧고 명료한 언어로 표현한다. 다음과 같이 말이다.

> 우리는 신사 숙녀에게 서비스하는 신사 숙녀이다.
>
> – 리츠칼튼 사훈

혹은 다음과 같을 것이다.

> 우리는 투숙객, 고객, 거래처, 동료와의 모든 관계에 있어 그들이 우리를 대했으면 하는 방식으로 그들을 대한다.
>
> – 포시즌스 사내 강령 〈우리의 목표, 우리의 신념, 우리의 원칙〉

이런 원칙은 어떻게 세울까? 앞의 두 예는 강력한 리더가 정한 것이다. 하지만 그들이 이 원칙을 세우게 된 사정과 그들이 속한 조직의 역사는 서로 달랐다.

리츠칼튼의 사훈은 회사의 창립 COOChief Operating Officer(업무최고책임자)인 호스트 슐츠가 아주 어려서부터 품고 있던 개인적 철학을 집약한 것이다. 따라서 그는 리츠칼튼의 역사가 시작된 시점부터 이 사훈을 회사 조직에 단단하게 심어 넣을 수 있었다(이 사훈은 사실 슐츠가 호텔전문학교에 다니던 열네 살 무렵에 쓴 리포트의 핵심 문장이기도 하다. 그는 "내가 유일하게 'A'를 받은 리포트"였다고 회상한다).[1]

조직 구성원에게 영감을 주는 이런 멋진 말로 회사의 역사를 시작할 수 있다면 더할 나위 없이 좋겠지만 꼭 그래야 할 필요는 없다.

바로 지금이 시작할 때

회사를 시작할 때 이런 이야기가 없었어도 괜찮다. 리츠칼튼의 사훈은 리더가 되기 오래 전에 열네 살 소년이 만든 거였지만, 포시즌스의 강령은 회사가 유념하고 있으면서도 잘 몰랐던 일련의 원칙을 여러 해 동안 정리한 것이다. 그럼에도 이 강령은 포시즌스의 극적인 전환점에 북극성과 같은 역할을 해서 회사가 오늘날까지 이어지게 만들었다.[2]

포시즌스가 이처럼 늦깎이 탈바꿈을 한 사례를 보고 자신감을 얻어야 한다. 당신의 회사가 보잘 것 없는 벤처여서 창립 초기에 기업 문화 같은 건 생각할 여력도 없었다면(포시즌스는 지금이야 초특급 호텔이지만 처음 시작은 주먹구구로 운영하던 자동차 여행자용 숙박 시설이었다.) 바로 지금이 의식적으로 기업 문

---

1   Raini Hamdi, "Horst Schulze: Defining the New Luxury," ehotelier.com, 2006년 10월 20일, feuring.typepad.com/feuring/2006/10/horst_schulze_d.html

2   이사도어 샤프, 《사람을 꿈꾸게 만드는 경영자》 (지식노마드, 2011년)

화를 일으켜 세울 때이다.

이러한 말이 회사의 핵심 강령(포시즌스의 '우리는 모든 관계에 있어 그들이 우리를 대했으면 하는 방식으로 그들을 대한다'와 같은 조직의 중심 개념)을 넘어서 하나의 슬로건 이상이 되게 하려면 조금 더 발전시켜서 명확하게 만들 필요가 있다. 방법은 이렇다. 회사, 회사를 위해 또 회사와 함께 일하는 이들, 가치 제공의 대상인 고객, 이 셋과 가장 관련 있는 영역들의 주요 원칙을 선명하게 규정하는 것이다. 다시 강조한다. 간결해야 기억하기 쉽다. 자포스는 처음에 29개 핵심 가치를 정리했다. 하지만 결국엔 10개로 줄였다. 포시즌스의 핵심 가치는 그 이름(four)처럼 4개로, 다음과 같이 간략한 문장으로 되어 있다.

① 우리는 누구인가.
② 우리는 어떻게 행동하는가.
③ 우리는 무엇을 믿는가.
④ 우리는 어떻게 성공하는가.

리츠칼튼의 사훈('우리는 신사 숙녀에게 서비스하는 신사 숙녀이다')은 3개의 '신조'와 3개의 '직원 약속'으로 보강된다. 이는 손님과 직장 동료를 대하는 원칙을 담고 있다. 각 문장은 충분히 짧아서 모든 직원이 이해하고 암기하고 그 가치를 자기 것으로 만들기 쉽다. 그러나 그 의미만큼은 충분히 길다.

받아들이느냐 받아치느냐

이러한 원칙을 조직 구성원들이 받아들이게 하는 것이 중요하다. 반대로 그들이 '받아치게' 놔둬서는 안 된다. 앞서 언급한 세 회사 모두에서 일부 직원은 수용을 거부하였다. 이 경우에 사라져야 할 건 그들이지 원칙이 아니었다. 포시즌스의 경우를 살펴보자. 이사도어 샤프 회장은 신뢰하는 몇 명의 직원과 함께 자신의 원칙을 발전시켰다. 그런 다음에 원칙을 회사 간부 모두에게 차례로 알렸는데, 이따금 얼음장 같은 침묵만 돌아올 때도 있었다. (새로운 원칙의 수용을 거부한 임원을 바로 다음날 아침에 해고하기도 했다.)

반면에 자포스는 회사의 핵심 원칙을 일찌감치 발전시켜서 그에 부합하는 직원을 뽑는 데 최선을 다했다. 하지만 자포스의 CEO인 토니 셰이는 먼저 세운 회사인 링크익스체인지에서 많은 직원이 그가 암시한 핵심 가치와 충돌을 일으키는 경험을 했다. 그는 차라리 새로운 회사를 세우는 선택을 했다. 처음부터 핵심 가치를 분명하게 드러내고 따르도록 한 것이다(리츠칼튼의 호스트 슐츠의 경우는 젊었을 때 일한 다른 호텔에서 자신의 '신사 숙녀' 신조를 전파하려다가 오히려 비웃음만 샀다. 그는 원칙을 접기보다는 직장을 그만두었다).

핵심 가치는 시작일 뿐이다

핵심 가치는 가만 놔두면 그냥 있을 뿐이므로, 다음의 여섯 단계를 통해 핵심 가치가 다른 곳으로 전파되도록 한다.

1. 핵심 가치의 내용을 단순하고 간략하게 쓴다.

2. 핵심 가치를 받아들이고 피드백을 구한다.

'APPLE'로 기억해요

애플의 판매 문화는 고객에게 필요한 경험을 제공하는 동시에 회사가 목표를 이루도록 돕는 것이다. 애플은 이것을 다섯 개 문장으로 명확히 규정한 다음 각각의 머리글자를 따서 'A-P-P-L-E'로 정리하였다. 여러분은 여기에서 아마도 아래와 같은 리츠칼튼의 '서비스 3단계 원칙'을 떠올릴 것이다.

① 따뜻한 환영
② 투숙객의 욕구를 예측하여 채워줌
③ 다정한 작별

하지만 애플은 '애플 마인드'를 지닌 직원이 쉽게 기억할 수 있도록 머리글자 단어라는 새로운 형식을 고안해 냈다. 그리고 리츠칼튼의 원칙에 '신속함'이라는 21세기적 요소를 더했다. "고객이 오늘 집에 가져갈 수 있는 해결책을 제시한다"는 것이다.

Approach (다가가기) 고객에게 맞춘 따뜻한 인사로 맞이한다.
Probe (조사하기) 고객의 필요를 이해하기 위해 예의바르게 조사한다.
Present (제시하기) 고객이 오늘 집으로 가져갈 수 있는 해결책을 제시한다.
Listen (들어주기) 고객의 이야기를 경청해서 문제나 걱정을 해결한다.
End (마무리하기) 다정하게 인사하며 다시 찾아 달라고 초청한다.

이처럼 기억하기 쉬우면서 회사의 정신을 구체적으로 잘 집약한 '도시락 강령'은 대단히 가치 있다. 외부인의 시선에는 조금 케케묵은 슬로건으로 보일 수도 있지만 말이다. 어쨌든 유용하면 그만 아닌가? 이것은 모든 직원을 말 그대로 같은 페이지 위에 올려놓는다. 어느 때라도 수첩이나 기억에서 꺼내 참고할 수 있는 페이지 말이다.

3. **핵심 가치를 끊임없이 강화한다.** 내가 제안하는 방법은 매일 아침 부서 회의 때 5분 동안 가치 하나만을 골라 강조하는 것이다. 아니면 한 가지 가치의 한 가지 특징에만 집중한다. 매일이 부담스럽다면 한 주에 한 번 한다. 하지만 일 년에 한 번 회사 소풍날에 하는 건 안 된다. 어떤 것이든 '연례행사'는 핵심 가치의 적이다.

4. **핵심 가치를 눈에 보이게 한다.** 리츠칼튼의 전 직원은 '신조 카드credo cards'를 소지한다. 접었다 폈다 할 수 있도록 만든 손바닥만 한 크기의 4단 코팅 카드다. 여기에는 리츠칼튼 브랜드의 모든 핵심 신조와 함께 직원이 손님을 응대할 때 응당 지켜야 하는 기본 원칙이 담겨 있다(호스트 슐츠는 그가 20년 전에 '코팅 카드'라고 했을 때 사람들이 낄낄 웃었다고 전한다). 자포스는 회사의 핵심 가치를 나타내는 문장 하나를 골라 모든 배송 상자에 인쇄한다. 그러나 '눈에 보이게 하라'고 해서 꼭 글로만 쓸 필요는 없다. 페덱스는 회사 운송 차량의 어깨 안전벨트를 주황색으로 함으로써 안전이 핵심 가치임을 강조한다. 페덱스의 주황색 벨트는 20미터 밖에서도 쉽게 눈에 들어온다.

5. **핵심 가치를 신입사원에게 교육한다.** 당신 레스토랑의 핵심 가치가 안전이라면 신입사원의 출근 첫날 오리엔테이션에서 이 점을 강조하라. 그러면 이튿날 신입사원이 업무를 시작할 때 선임 직원이 "공간이 부족하면 의자를 다 가져다가 비상구 앞에 높이 쌓아두면 된다"고 하더라도(이것은 내가 실제로 목격한 사례이다) 이러한 행동이 회사의 가치와 불협화음을 이룬다는 것을 알고 올바른 방향으로 일을 처리하려고 노력할 것이다.

6. **핵심 가치가** (업무 현장에서 실제로) **구현되도록 직원을 교육하고 지원하며, 핵심 가치를 따를 직원을 뽑는다.** 지도는 지도일 뿐, 실제 땅은 아닌 것처럼 핵심 가치도 마찬가지다. 올바른 사람이 올바른 태도로 구현해 내기 전까지는 지도처럼 이차원일 뿐이다. 올바른 사람이 이 지도를 보고 열심히 나아간다면 정말 굉장한 곳에 이를 수 있다. 움프콰 은행Umpqua Bank의 은행장 겸 CEO인 레이 데이비스는 이렇게 말한다.

"문화를 지키는 것은 아이를 키우는 일과 같습니다. 아이가 무얼 하는지, 어딜 가는지, 어떤 친구와 어울리는지 계속 확인해야 하죠."

그런데 가끔은 아이가 당신이 쫓는 문화와 반대 방향으로 가려 할 테고, 그러면 어쩔 수 없이 '사랑의 매'를 들어야 한다.

더 큰 세상을 위한 기업 문화

제1장의 의미 있는 통계를 다시 떠올려보자. 미국 내 소비자의 87퍼센트는 기업이 적어도 자신의 수익을 위해서 애쓰는 만큼이나 혹은 그 이상으로 사회적 이익도 중시해야 한다고 여긴다. 오로지 돈 버는 것밖에 모르는 회사와 관계하려는 소비자는 13퍼센트에 불과하다는 얘기다.

다시 말하자면, 이른바 '삼각 경영'triple bottom line|수익 일변도의 회사 운영에서 탈피해 세 가지 기본 가치를 함께 추구하는 것의 토대에서 기업 문화를 일구는 편이 현명하다는 의미다. 삼각 경영은 영국 자문 회사 서스테인어빌리티SustainAbility의 설립자 존 엘킹턴John Elkington이 처음 주창하였다. 그는 삼각 경영의 세 기둥을 사람People, 환경Planet, 수익Profit으로 정리하였다. 하지만 구체적 표현은 회사가 지향하는 바와 상황에 따라서 다르게 할 수 있다. 보통

첫째 기둥(사람)에는 노동 행위, 지역사회 기여 등이 들어간다. 둘째 기둥(환경)에는 탄소발자국(개인이나 단체가 발생시키는 탄소의 총량), 공기와 수질 오염 방지 등이 포함된다. 셋째 기둥(수익)에는 영업, 투자자본수익률ROI 등이 있다.

사우스웨스트 항공은 삼각 경영의 모범 사례이다. 회사의 세 기둥은 서로를 지탱하며 회사의 활동 무대인 더 큰 세상과 교류한다. 사우스웨스트 항공은 매년 〈원 리포트: 성과–사람–지구OneReport: Performance-People-Planet〉라는 이름의 보고서를 발행한다. 이중 '성과' 항목은 업계의 부러움을 산다. 사우스웨스트 항공은 부침이 심한 항공 업계에서 지금까지 37년 연속 흑자를 내는 전례 없는 기록을 써왔다. '사람' 항목은 직원과 그들 가족에 대한 처우와 지원에 가치를 두는 기업 문화를 반영한다. 사우스웨스트 항공의 노사 관계는 매우 우호적인데, 이는 항공 업계에서 무척 특별한 경우다. '매우 우호적'이라는 말은 그저 최소한의 공평함을 지켜준다는 의미가 아니다. 37년간 사우스웨스트 항공 회장을 지낸 허브 켈러허가 퇴임하던 날 조종사 노조는 〈USA 투데이〉에 전면 광고를 내서 그의 오랜 노고에 감사를 표했다. 이날 회사의 연차주주총회장 앞에서 피켓 시위를 벌인 아메리칸 에어라인 조종사들과 극명한 대비를 이루었다. 그리고 '지구' 항목에 나타난 회사의 활동은 뻔해 보이는 것(재활용품 사용)부터 매우 창의적인 것(연료 절감을 위해 연비 기반 항법의 일종인 항행성능기준 사용의 제도화를 추진)까지 다양하다.[1] (물론 '수익' 항목과 '환경' 항목은 충돌할 수 있다. 독자들은 사우스웨스트 항공의 '수익'과 '사람' 항목에서 고개를 끄덕이는 한편, '환경' 항목에서는 고개를 갸우뚱할 것이다. 사우스웨스

---

1 "Southwest Airlines One Report," www.southwest.com/html/southwest-difference/southwest-citizenship/one-report.html.

트 항공은 텍사스 고속철도 건설을 막기 위해 공격적인 소송과 로비전을 벌여왔는데, 지구를 생각한다면 당연히 비행기보다는 고속철도를 이용하는 것이 낫다.)

맹인안내견을 구한 사우스웨스트 항공의 기업 문화

우리는 사우스웨스트 항공이 서비스에 강한 기업 문화를 지녔다는 걸 알고 있다. 하지만 이건 추상적인 정보일 뿐이다. 당신이 출장길에 사우스웨스트 항공 비행기를 탔다가 실제 사례를 체험하게 된다면 아주 생생하게 느끼게 될 것이다.

사우스웨스트 항공 직원 두 명이 협력하여 시각장애인이자 유명한 강연자인 래리 콜버트의 맹인안내견 배너의 생명을 구한 적이 있다. 그들은 래리가 사우스웨스트 항공으로 여행 중이라는 것을 몰랐다. 나는 이 일화에 감동받았다. 나 자신도 강연자이며 계속해서 비즈니스 여행을 다니는 사람이지만 사우스웨스트 항공의 문화를 잘 알기에 크게 놀라지는 않았다.

래리와 그의 맹인안내견 배너가 공항에 도착했는데 택시 한 대가 배너의 다리를 치었다. 충직한 개는 피를 철철 흘리면서도 주인을 비행기에 태우기 위해서 계속 걸었다. 래리는 개가 다친 걸 몰랐다. 사우스웨스트 항공 직원 두 명이 다가와 배너의 다리가 10센티미터 넘게 찢어졌으며, 출혈이 심한 채 서 있다고 알려주고 나서야 래리는 사고가 난 것을 알았다. 그중 트로이 앤더슨이라는 직원이 배너의 피 범벅된 다리를 손으로 꽉 잡아 지혈하면서 차에 태워 동물병원으로 데려갔다. 그는 수의사에게 가는 내내 환부를 감싼 손의 힘을 풀지 않았다(천만다행하게도 배너는 완전히 회복하였다).

한번 생각해 보자. 트로이는 이러한 행동을 권장하는 기업 문화에 익숙

한 직원이었다. 그는 자신의 상사와 동료가 다친 맹인안내견을 돕는 일의
필요성을 인정할 거라고 예상했다. 설령 업무 시간에 택시를 타고 동물병원
에 간다고 해도 부정적인 반응이나 비난은 없을 거라고 여겼던 것이다.

이런 것이 강력한 소비자 중심 문화이자 직원 뒷받침 문화이다. 비록 그
결과를 예측할 도리는 없지만 궁극적으로 사우스웨스트 항공에 엄청난 도
움을 준다. 래리 콜버트는 사우스웨스트 항공의 고객, 그것도 매우 자주 탑
승하는 단골 고객이다. 더군다나 그의 개 배너는 미국강연자협회NSA의 마
스코트나 다름없다. 자동차보다 비행기를 더 자주 이용하는 협회의 2,500
여 명 회원들은 래리의 사건을 마치 자기가 겪은 일처럼 기억할 것이다.[1]

일부 경영자는 기업 문화를 '배부른 소리'로 간주할지 모른다. 하지만 기
업 문화가 만들어낸 결과물은 좀처럼 흔들리지 않고, 절대로 모방하지 못
한다. 회사가 평온한 바다를 항해하는 동안은 기업 문화에 초점을 맞추는
일이 불필요하게 느껴질 수도 있다. 하지만 움프콰 은행장 레이 데이비스의
말처럼, 바다가 출렁일 때 "강력한 기업 문화는 …… 생존의 문제"가 된다.
그리고 지금, 거의 모든 조직이 급속한 기술 변화의 출렁이는 물결 위에 올
라타 있음은 의심의 여지가 없다.

---

1 이 이야기는 베스 테리의 블로그 The Cactus Wrangler에 소개되었다. cactuswrangler.
   com/2007/07/16/southwest-airlines-employees-save-seeing-eye-dogs-life.

요약

▶ 기업 문화는 경쟁사가 모방하기 힘들다. 왜냐하면 대부분의 회사는 단기적인 성과에만 매달리기 때문이다.

▶ 일터에서는 고객과 직원 사이에 끝없는 상호작용이 발생한다. 이러한 상호작용이 올바르게 이루어지려면 강력하고 명료한 기업 문화가 필요하다.

▶ 현대의 기술 혁명은 올바른 기업 문화를 갖지 못한 회사의 문제를 더 악화시킨다.

▶ 기술 발전을 포함하여 비즈니스 상황은 끊임없이 바뀐다. 오직 강력한 기업 문화만이 이러한 변화에 대응하고, 수익을 창출하고, 변화를 추진하여 사업을 성공시킨다.

▶ 회사를 기업 문화에 맞게 정렬함으로써 불공정한 처사로 인한 직원의 불만을 줄일 수 있다.

▶ 관리자가 지켜보지 않을 때 직원의 업무 태도가 달라지는 경우가 많다. 하지만 훌륭한 기업 문화를 키우면 상사가 있든 없든 상관없이 직원 스스로 동기부여가 되어 열심히 일한다.

▶ 회사의 핵심 가치에는 고객, 직원, 거래처를 대하는 태도가 포함되어야 한다. 내 생각으로는 '당신이 대우받고 싶은 방식대로'가 정답이다.

▶ 적정한 임금은 강력한 기업 문화의 필요조건이다. 급여는 충분해야 한다. 다른 회사의 비슷한 직책이 받는 만큼은 되어야 한다. 그리고 회사 안의 비슷한 직책이나 비슷한 자격, 비슷한 업무의 사람이 받는 만큼도 되어야 한다. 복지 혜택도 포함되어야 한다.

▶ 실력이 뛰어난 사람이라도 회사가 추구하는 기업 문화와 맞지 않으면 고용하지 않는다.

▶ 기업 문화가 강력하고, 직원 채용을 잘 하는 회사들의 비밀은? 우수한 직원들이 서로 긍정적인 '동료 압력'을 주고받는 것이다.

▶ 고객이 필요로 하는 순간에 고객의 요구를 충족시키려면 진정한 파트너 관계인 거래처가 필요하다. 따라서 거래처는 정당하게 대우해야 한다.

▶ 기업 문화는 말語에서 시작된다. 그 문구는 기업 문화의 핵심 가치를 짧고 명료하게 표현해야 한다.

▶ 회사의 핵심 가치는 그 의미를 충분히 전달할 수 있는 한도내에서 모든 직원이 이해하고, 기억하고, 소화하기 쉽게 짧고 간결하게 표현한다.

▶ 오로지 성과만을 추구하는 회사와 거래하려는 소비자는 단지 13퍼센트에 불과하다. 이것은 사우스웨스트 항공의 '성과, 사람, 지구'와 같은 '삼각 경영'을 고려해야 하는 충분한 이유가 된다.

제6장

예측 고객서비스: 직원

예측 고객서비스를 창조하려는 회사가 자신의 기업 문화를 정의하고 요약한 다음에 해야 할 일은? 사람이 필요하다. 올바른 사람 말이다.

그렇다면 사람을 뽑을 때 가장 먼저 봐야 하는 것은 무엇일까? 예비 입사자를 판단할 때 가장 중요한 요소는 '실무 능력'이 아니라 '태도'다. 물론, 전에도 이와 비슷한 진부한 주장을 들어보았을 테고, 더군다나 요즘 같은 기술 강박의 시대에 이런 말은 잘 와 닿지 않을 거라고 본다. 하지만 태도는 아주 중요하다. 업무 기술은 가르칠 수 있다. 다양한 방면에 소질과 적성이 있는 예비 직원이라면 적어도 고객서비스에 필요한 업무 기술은 교육할 수 있다. 진짜 어려운 건 잘못 배운 업무 기술을 되돌리는 일이다. 여러 업계의 최고 전문가와 장인들은 차라리 기초부터 가르치는 편을 선호한다. 또한, 동종 업계의 경력자를 고용할 때는 그들이 다른 데서 잘못 배워온, 고객 가치에 반하는 업무 절차와 방침을 버리게 만드는 것이 어려울 수 있다(이러한 문제는 사업장을 인수하며 고용을 승계할 때 불거지곤 한다. 서비스 제일주의인 움프콰 은행의 중역 미셸 리빙스턴은 이런 상황에서는 추가적 노력이 필요하다고 지적한다. 기존 직원에게 명함만 바뀌는 것이 아니라 더 많은 것이 바뀌고 있음을 알게 해야 한다는 거다).

고객서비스는 가르칠 수 없는 것이 너무나 많다. 움프콰 은행장 겸 CEO 레이 데이비스는 재치 있게 이렇게 말한다.

"직원에게 진정으로 사람을 좋아하라고, 도움을 주고 싶어 하라고, 적극적인 태도로 회의에 참여하라고 가르쳐야 한다면 대체 뭘 어떻게 해야 할까요? 강의를 통해 성실과 신뢰를, 지역공동체 정신을 가르칠 수 있을까요?"

직원이 고객서비스를 잘 하게 하려면 어떻게 해야 하는가? 이 문제와 관련해 나는 알랭 드 보통의 철학적 사색을 좋아한다. 2장 앞부분에서 언급한 영국 항공에 관한 그의 이야기를 인용한다.

항공사의 생존은 회사로서는 만들어내거나 통제할 수도 없고, 돈으로 살 수도 없는 서비스에 달려 있다. 이런 서비스는 훈련이나 직원 복지에서 나오는 것이 아니다. 예를 들어 한 직원이 있다. 그는 25년 전 체셔의 시골집에서 부모님의 사랑과 보살핌을 받는 단란한 가정에서 성장했다. 그래서 오늘, 이 직원은 필라델피아행 BA048편을 타려고 게이트로 가는 불안한 학생을 편안하게 다독거려줄 의지와 수단을 갖추게 된 것이다.

가정환경에 따라 모든 게 정해진다는 '부모 중심 결정론'에 많은 사람이 이의를 제기할 것이다. 내가 먼저 반론을 펼쳐 보겠다. 나는 끔찍한 가정환경에서 자라났지만 훌륭한 태도를 지닌 사람들을 안다. 윗글이나 노드스트롬 백화점의 공동 회장인 브루스 노드스트롬Bruce Nordstrom이 "판매사원을 훈련시키는 사람은 누구입니까?"라는 질문에 "그들의 부모입니다"라고 재치 있게 답했다는 유명한 일화[1]에도 불구하고, 글자 그대로 훌륭한 가정환경에서 자란 사람만 고용하라고 말하려는 게 아니다. 취업을 할 나이가 될 때까지 별 탈 없는 성장기를 보냈으며, 천성적으로 고객에게 우호적이고 동료에게 협조적인 사람을 고용하라는 뜻이다. 포시즌스 호텔의 이사도어 샤프는 이렇게 말한다.

"회사들은 대부분 경력과 외모를 보고 뽑습니다. 입사 지원자가 회사 이미지와 얼마나 잘 어울리는지를 보는 거죠. 우리는 태도를 보고 뽑습니다. 사람을 좋아하는 사람을 원하지요. 그런 사람이라면 스스로 원해서 고객을 도울 수 있을 테니까요. 직무 능력은 교육하면 되지만 태도는 타고나야 하는 거죠."

자포스는 채용 후보자가 두 가지 면접과 도전 과제를 거치도록 한다. 하나는 기본 업무 역량이다. 다른 하나는 회사가 바라는 온화한 태도와 인성이다. 이 두 가지 결과에 대해서 동등한 무게를 둔다(필자의 제안: 인성 부분을 먼저 확인하라. 실무 능력은 뛰어나지만 인성 때문에 지원자를 떨어뜨려야 할 때 고민하거나

---

1 Marilyn Suttle and Lori Jo Vest, Who's Your Gladys: How to Turn Even the Most Difficult Customer into Your Biggest Fan (AMACOM Books, 2009년), 20쪽. 질문자는 로버트 스펙터Robert Spector.

실망하지 않을 수 있다. 대단한 업무력을 보여준 지원자에게 완전히 마음을 빼앗긴 다음에 그의 태도가 회사 문화와 맞지 않음을 알고 눈물 흘리며 이력서를 찢는 상황을 원치는 않을 것이다).

사고방식이 올바른 사람을 채용하라. 기술적인 부분은 교육하면 된다. 말은 쉽다. 하지만 현실에서 정확히 뭘 어쩌란 말인가? 지금부터 '올바른 사람'을 파악하는 기초를 알아보자.

WETCO 법칙

고객을 직접 응대하는 직원에 적합한 사람은 WETCO 법칙으로 알아낼 수 있다. WETCO는 아래 다섯 가지 특성의 머리글자를 딴 것이다.

- **따뜻함** Warmth

  사람으로서의 친절함이다. WETCO의 다섯 가지 인성 중에서 가장 단순하되 가장 근본적인 특징이다. 인간은 완벽하지 않으며 결함이 있다는 사실을 흔쾌히 인정하고 받아들이는 것이 핵심이다.

- **공감** Empathy

  타인이 느끼는 걸 감지하는 능력이다. 공감은 따뜻함보다 한 단계 위에 있다. 단순히 다른 사람을 좋아하는 것을 넘어 그의 마음을 읽는 것에 더 가깝다. 고객의 욕구가 명확히 드러나지 않더라도 고객이 필요로 하거나 원하는 것을 헤아리는 능력이다.

- **팀워크** Teamwork

'차라리 나 혼자 하는 게 낫겠어'가 아니라 '함께 노력해서 일을 이뤄보자'는 태도다. 팀워크는 WETCO의 다른 특성들과 약간 다른 측면이 있다. 고객이 필요로 하는 건 기업가 마인드를 지닌 직원의 도움이다. 그들은 본인 주도하에 상황을 책임지며, 필요하다면 모든 문제를 스스로 해결하려고 든다. 하지만 이런 태도는 조직 내에 불협화음을 일으킬 수도 있다. 팀워크를 선호하는 성향은 갈등을 일으키지 않으면서 문제를 해결하는 완충 역할을 한다.

- **성실성** Conscientiousness

맡은 바 임무를 완수하려는 능력과 의지. 고객서비스에서 성실성은 아주 중요한 특성이다. 그러나 안타깝게도 '사람들과 어울리기 좋아하는' 유형은 성실성이 결여된 경우가 많다. 그것만 아니라면 고객서비스 업무에 딱 맞는 이들인데 말이다. 미소 짓고, 공감하고, 팀과 잘 어울릴 수 있는 직원이라도 고객에 대한 약속을 잊고 제대로 지키지 못한다면 회사의 이미지에 치명적인 해를 끼친다.

- **낙관적 태도** Optimism

정신적 스트레스를 잘 털어내고 마음에 담아 두지 않는 능력이다. 고객을 직접 대하는 자리에 낙관적 태도는 꼭 필요하다. 고객의 공격을 떨쳐내지 못하는 직원은 오래 견디지 못한다. 물론 회사 차원의 지원이 중요하지만, 직원 스스로도 긍정적이고 낙관적인 자아상을 가져야 매일의 역경을 헤쳐나갈 수 있다(그렇다고 회사의 모든 자리에 낙관적인 사람이 필요한 건 아니다. 지난 금융위기 때 우리는 엔론Enron의 회장 제프리 스킬링의 지나친 낙관론이 초래한 대재앙을 목격하였다). 회사의 안전 책임자를 고용할 때는 일정 수준의 건강한 비관론이 분명히 필요하다. 하지만 넓은 견지로 봤을 때, 고객을 대하는 직원에게는 낙관적 태도가 요구된다고 말할 수 있다. 낙관적이지 못한 직원은 고객에게 시달린 끝에 정신이 너덜너덜해질 것이기 때문이다.

옥석을 고르는 법

그렇다면 이런 사람을 고르는 방법은 무엇일까? 가장 좋은 방법은 심리 프로파일(분석표)을 비교하는 것이다. 모범 사원의 프로파일을 채용 후보자의 프로파일과 맞춰보면 된다. 하지만 그렇게 하기 위해 필요한 자료를 구비한 회사가 그리 많지는 않다. 보유 자료가 없다면 외부 전문 업체에 의뢰하는 방법도 괜찮다. 외부 자료 중에도 쓸 만한 것이 많다.

심리 프로파일 검증 기법을 선택했다면 꾸준히 써야 한다. 기분에 따라서 썼다 말았다 하는 게 아니라 채용 때마다 항시 사용해야 한다. 만일 산발적으로 이런 과학적 방법을 쓴다면 효과 여부를 절대로 알 수 없다. 그러면 인간의 타고난 편견과 멋대로의 기억이 과학을 대신해 당신을 속일 테고, 당신은 비과학적이고 비효율적인 고용 패턴을 이어갈 수밖에 없다. 머지않은 미래에 회사 조직은 난관에 빠지게 될 것이다.

외부 업체의 도움을 받아서 프로파일 검증을 시작한다면 확실히 유념해야 할 점은, 회사가 커감에 따라서 회사도 자신의 조직에 맞는 나름의 구체적 자료를 축적해 나가야 한다는 것이다. 그리 복잡한 과정은 아니다. 회사의 최우수 직원과 보통 직원에게 프로파일 질문에 답하게 하고 그 결과를 보관해둔다. 이 두 부류의 직원 답변에서 계속해서 관찰되는 어떤 차이가 보인다면 유효한 프로파일 자료를 얻은 것이다.

써보고 결정하세요

고객서비스를 잘 하는 기업은 새로 뽑은 직원을 '브랜드 대사'로 내세우기(대중에 공개하기) 전에 충분히 오랫동안 테스트하려는 경향이 있다. 왜냐하면 회사의 브랜드 평판은 조직의 가장 약한 고리 즉 가장 약한 직원에 의해 결정되기 때문이다. 안타깝지만 이것은 고객서비스에 있어서도 사실이다. 언제든 끊어질 수 있는 가장 약한 고리가 회사를 대표하게(반품 데스크든 콜센터든 고객과 연결된 컴퓨터 단말기든) 하고 싶지는 않을 것이다.

이러한 시험 기간은 기업 문화를 보호하는 차원에서도 중요하다. 직원 채용 프로그램이 아무리 좋다고 해도 신입사원이 기업 문화에 적합한지 아닌지 확인하려면 석 달 정도는 걸린다. 피고용자 역시도 자신의 적합성 여부를 판단하기 위해 시간이 필요하다. 리츠칼튼에서는 입사 후 21일을 아주 중요하게 여긴다. 스물한 번째 날이 지나고도 괄목할 만한 변화가 없다면 업무일정표에서 빼버린다. 자포스는 예비 입사자를 4주 동안 훈련시키는데 2주차 이후에 퇴사하게 된 사람(재능은 많지만 기업 문화에 맞지 않는)에게는 위로금으로 현금 2,000달러를 지급한다. 기업 문화와 하나가 되지 못할 사람을 데리고 있기보다는 차라리 그편이 돈을 아끼는 거라고 여기기 때문일 것이다.

문화 적합성과 그 함정

오늘날 고용 전략을 얘기할 때 자주 등장하는 용어 중 하나가 '적합성'이다. 예를 들어보자.

"이 후보자는 우리 조직/회사 문화에 얼마나 잘 맞을까? 우리 브랜드와 기업 사명의 좋은 본보기가 될까?"

이 질문에 단정적으로 답하기란 쉽지 않다.

많은 회사가 찰떡궁합의 직원을 뽑기 위해 다양한 방법을 사용한다. 미국의 유기농 슈퍼마켓 체인 홀푸즈Whole Foods는 채용 후보자가 수습 기간(30일에서 90일)을 마치면 동료들의 투표를 통해 그를 고용할지 아니면 내보낼지를 결정한다. 자포스는 여러 가지 독창적인 활동과 질문('당신이 괴짜인 정도를 1에서 10까지 중에서 고르시오')을 활용하여 후보자를 '동료'로 받아들일지 아닐지 판단한다.

그런데 홀푸즈와 자포스가 직원 잘 뽑기로 유명한 회사라는 사실을 모른다면 이는 마치 옛날부터 있어온 못된 관행인 신참 골려주기나 신입생 신고식의 판박이처럼 생각될 수도 있겠다. 자포스의 경영진은 이따금 음주 면접도 불사한다. "면접을 보면서 토니(자포스 CEO)와 보드카 세 잔을 마셨죠." 이 아연실색할 만한 언급은 현재 자포스 인사 책임자인 리베카 래트너의 입에서 나온 말이다.

그렇다면 우리가 '적합성'을 말할 때 그것이 무슨 의미여야 하는가? 먼저 이 부분을 명확히 짚고 넘어가겠다. 이것은 고객서비스 전문가를 선발하고 고용하는 일에도 적용되기 때문이다.

자포스나 홀푸즈 만큼의 채용 과정 평가 능력을 가지고 있지 않다면, 후보자의 '적합성'을 시험하기 위해 공들여 만든 전략이란 결국 홀짝 수준의 룰렛 도박판과 다르지 않다. 빨간색 아니면 검정색, 성공과 실패가 반반의 확률이다. 예를 들어, 동료 평가는 후보자가 좋은 술친구인지 아니면 워크래프트 게임을 같이 할 수 있는 사람인지를 묻는 '인기투표'로 전락할 위험이 있다. 전통적 인사 절차를 통해 발전해온 각종 차별 방지 장치가 무력화된다는 건 말할 필요도 없다. 그 기저의 심리에 주목해야 한다. 사람에게는 본능적으로 자신과 비슷한 사람을 옆에 두려는 성향이 있다. 인사 전문가로 훈련되지 않은 사람이라면 더 말할 필요도 없다.

판단 기준은 대상자가 조직에 기여할 요건을 갖추고 있는가에 맞춰져야 한다. 그래야만 '적합성'에 대한 평가가 올바로 이뤄졌다고 하겠다. '신고식'의 영역으로 들어갈 소지가 있는 것은 철처히 차단해야 한다.

사우스웨스트 항공의 채용 과정은 이러한 측면에서 모범 사례이다. 사우스웨스트 항공은 상황별 모의연습 과정을 사용한다. 훗날 항공기 기내에서 일어날 수 있는 다양한 문제 상황을 만들어 놓고 채용 후보자가 문제를 어떻게 해결하는지, 창조적 사고를 하는지, 잘 협력하는지 등을 보는 것이다[1]. 그건 그렇고 사우스웨스트 항공에 빈자리가 나면 하버드 대학보다 더 많은 지원자가 몰린다. 또한 사우스웨스트 항공은 노련한 전문가들이 그 과정과 결과를 모니터하고 검토하게끔 한다[2]. 그럼으로써 지시에 의해서나 그냥 '감'으로 채용되는 경우를 없앤다.

---

1 Harvard Business Review, Blog Network, Bill Taylor 2011년 7월 12일, blogs.hbr.org/taylor/2011/07/how_do_you_know_a_great_person.html.

2 Peter Carbonara, "Hire for Attitude, Train for Skill," Fast Company, 1996년 8월 31일자.

'적합성'은 훌륭한 개념이다. 적어도 이론적으로는 그렇다. 하지만 인사 문제 전문 컨설팅 회사 글로벌 노베이션스Global Novations의 마이클 하이터 같은 다양성 전문가가 말하는 '포용inclusion' 역시 훌륭한 개념이다. "서로가 다른 다양한 이들을 위한 공정한 채용 기회가 있음을…… 확실히 해야 한다."

하이터는 이렇게 설명한다.

> 다양성을 포용하는 문화가 없다면 '적합'이라는 단어는 '나와 같은 존재'로 오역될 수 있습니다. 진짜로 필요한 사람이 아니라 말이죠. 신규 인력을 뽑는 직원이 그 일을 공정하게 하리라고 믿어 의심치 않는 조직이 많습니다. 왜냐하면 인사 담당자가 좋은 사람이며, 우수한 직원임을 알기 때문이죠. 하지만 훈련된 면접관도 의도치 않게 편향된 결과를 낼 수 있습니다. 누가 봐도 '적합한 사람'의 전형 같은 게 만들어져서 그러한 유형만 계속 뽑게 되는 겁니다.[1]

미국의 여류 시인 도로시 파커Dorothy Parker의 재치는 당대 최고였다. "사람을 볼 때 가장 먼저 무엇을 보느냐"는 질문에 그녀는 이렇게 답했다고 한다. "남자인가 여자인가요." 파커는 평범한 우리에 비해서 본인의 잠재의식을 더 직접적으로 읽을 수 있었던 것 같다. 그녀의 대답은 '적합성'의 문제를 날것 상태로 드러낸다. 우리는 파커가 대답한 형식에 뭐라도 대신 집어넣을 수 있다(법적 소송을 당할 위험이 있긴 하겠다). 그리고 불편한 진실을 발견할 것이다. 우리가 가장 먼저 보는 것은 피상적인 상이성과 유사성일 뿐일 때가 많

---

1 마이클 하이터와의 개인적 서신교환, 2011년 7월 20일. 하이터에 관해 더 알고 싶다면 www.globalnovations.com을 참조.

다고. 그 너머를 보는 게 중요하다고.

요약

▶ 무엇보다 마음과 태도가 '올바른 사람'을 고용하는 게 먼저다. 그런 다음 그들에게 필요한 업무 기술을 교육한다.

▶ 취업을 할 나이가 될 때까지 별 탈 없는 성장기를 보냈으며, 천성적으로 고객에게 우호적이고 동료에게 협조적인 사람을 고용한다.

▶ '올바른 사람'의 인성 특징은 WETCO 법칙으로 정리된다.

따뜻함 Warmth: 사람으로서의 친절함.

공감 Empathy: 타인이 느끼고 있는 걸 감지하는 능력.

팀워크 Teamwork: '차라리 나 혼자 다 하는 게 낫겠어'가 아니라 '함께 노력해서 일을 이뤄보자'는 태도.

성실성 Conscientiousness: 맡은 바 일을 완수하려는 능력과 의지.

낙관적 태도 Optimism:정신적 스트레스를 잘 털어내고 마음에 담아 두지 않는 능력.

▶ 회사가 커감에 따라서 입사 지원자 중 옥석을 잘 골라 '올바른 사람'을 채용하는 성공률을 높이고 싶다면, 모범 사원의 심리 프로파일(분석표)을 채용 후보자의 것과 맞춰보는 방법을 발전시킨다. 최우수 직원과 평범한 직원의 프로파일을 비교했을 때 계속해서 관찰되는 어떤 차이가 보인다면 유효한 프로파일 자료를 얻은 것이다.

▶ 고객서비스를 잘 하는 회사는 신입사원을 '브랜드 대사'로 내세우기 전에 충분한 시험(수습) 기간을 거치게 한다.

▶ 수습 기간은 기업 문화를 보호한다. 아무리 우수한 채용 절차를 거쳤다 하더라도 고용자와 피고용자 양측이 서로 잘 맞는지 아는 데는 어느 정도 시간이 걸린다.

▶ 동료들이 채용 후보자를 평가하게 할 때는 조심해야 한다. 동료 평가가 좋은 채용 전략일 수도 있으나, 다른 한편으로 이것은 후보자가 좋은 술친구인지를 묻는 '인기투표'로 전락할 위험이 있다. 전통적 인사 절차를 통해 발전해온 각종 차별 방지 장치가 무력화됨은 말할 필요도 없다.

▶ 채용 후보자의 '적합성'을 가리는 올바른 평가 기준은 그가 조직에 기여하는 구성원이 될 수 있느냐 없느냐에 맞춰져야 한다. 그리고 남들과 다른 사람에게도 공정한 기회가 주어져야 한다. 채용 책임자가 자신의 일을 공정하게 하리라고 착각하는 조직이 많다. 왜냐하면 열심히 일하는 좋은 사람이기 때문이다. 하지만 선별 과정을 과학적으로 하지 않고, 훈련된 전문 면접관의 도움을 받지 않는다면 의도치 않게 '업무 외적 부분'에서 남들과 다른 사람을 배제하는 결과를 낳을 수 있다.

제7장

자율이냐 표준이냐

미국의 트위터 세상을 왁자지껄 들쑤신(더 나은 표현이 없다) 두 개의 뉴스가 있었다. 그중 하나는 미국 최대의 패밀리 레스토랑 체인인 애플비스와 올리브 가든에서 각각 생후 15개월과 2년 된 아기에게 알코올음료를 내준 사건이었다(15개월 아기의 빨대컵에는 마르가리타 칵테일이 들어갔고, 두 살배기는 산그리아를 받았다). 2011년 3월 말과 4월 초 사이에 벌어진 일이었다.[1] 다른 뉴스는 2010년 12월 캘리포니아의 프레스코 지역의료센터에서 엘리나 실바라

---

1 Bruce Horovitz, "Applebee's, Olive Garden Face PR Problem After Serving Alcohol to Kids," USA Today, B1면, 2011년 4월 15일자. usatoday.com/money/industries/food/2011-04-14-babies-served-booze.htm

는 환자에게 혈액 항응고제인 헤파린을 300밀리리터나 투약한 사건이었다. 300단위(6밀리리터)를 찾다가 실수로 벌어진 일이었다. 그러니까 원래 처방치보다 50배나 많은 양을 투약 받은 것이다. 실바 양은 중증 헤파린 중독으로 결국 사망에 이르렀다.[1]

애플비스나 올리브 가든의 명랑한 서비스 전문가가 아기에게 기꺼이 술을 주었을까? 아니면 지역 병원의 간호사가 치명적 용량의 항응고제가 약제실 선반에 있을 수도 있다는 사실을 간과했던 것일까? 분명히 그렇지 않다. 그보다는 업무 표준이 없었기 때문에 사고가 터진 거라고 생각된다. 레스토랑이 아기에게 술을 마시게 한 이유는, 장담하건데 비슷해서 섞이기 쉬운 음료를 보관하고 관리하는 방법에 대한 적절한 업무 표준이 없어서였다. 병원의 경우도 마찬가지다. 실바 양에게 처방된 양과 실제 투약된 양은 비슷하게 들리지만 실은 엄청나게 큰 차이가 난다. 이러한 일에 실수가 없도록 정확히 구분하는 업무 표준을 만들어내지 못했기 때문에 의료사고가 난 것이다.

제시 벤투라의 굴욕

2011년 1월, 전 미네소타 주지사이자 해군특전단원(네이비실)이었으며 프로레슬링 선수였던 제시 벤투라는 그만 진저리가 났다. 2008년 엉덩이에 인공 관절 수술을 받은 다음부터 공항에만 가면 보안검색대가 삑삑 울려대는 것이었다. 그러면 어김없이 전신검색대를 통과하고 몸수색을 당해야 했

---

1 Sontaya Rose, "Fresno Mom's Death: Dangerous Dosing Levels Revealed," ABC News Fresno, 2011년 4월 11일.

다. 벤투라는 매번 반복되는 이러한 난리법석에 지쳐 미국 국토안보부를 상
대로 소송을 제기했다. 연방판사에게 '영장과 혐의점 없는' 검색을 즉각 중
단할 법적 조치를 취해달라고 요청한 것이다.

이는 일관성 없는 고객서비스의 대표적 사례라고 할 수 있다(벤투라 소송
건은 '사법권 없음'으로 판결났다). 미국 주지사를 역임한, 아니 미국에서 모르는
사람이 없는 이 덩치 큰 레슬러 출신의 전직 주지사가 비행기 폭파범일 가
능성은 사실상 없다. 벤투라에게 테러 의도가 있었다면 엄청난 권한을 쥐
고 있던 과거 주지사 시절에 일을 벌였지 왜 지금에 와서 여객기를 폭파하
겠는가?

그의 티타늄 인공 관절이 금속탐지기에 걸린다는 것은 단순 기록 사항
일 뿐이다. 그런데 경보가 울렸다는 이유만으로 왜 일주일에 두세 번씩 전
신검색대를 통과하고 몸수색을 당해야 하는가?

이는 공항 직원들에게 자율성이 부족하다는 말로 정리할 수 있다. 자율
성 없이는 환상적인 고객서비스를 행할 수 없을뿐더러, 고객서비스의 상식
적인 기본선조차 지킬 수 없다. 규정에 어긋나니까.

고객서비스에서 자율성이 중요한 이유

지난 반세기 동안에 많은 심리학적 경영학적 연구는 직원에게 업무 수행의
자율성을 주어야 한다고 주장하였다. 자율성 옹호론은 놀랄 만큼 강력하
다. 직원이 매일 거울을 보며 어떤 얼굴로 고객을 마주하면 좋을지 생각해
본다면 그 이유를 알게 될 것이다.

왜 자율성인가?

체스 게임에서 꼬마를 이기는 법

별것도 아닌 일로 고객과 다툼을 벌이며 한 치도 양보 안 하는 직원이 있다. 폐점 시간이 되면 손님을 밖으로 몰아내는 직원도 있다. 사소한 수천 가지 온갖 규정을 들먹이는 직원도 있다. 이것은 리더십 부재를 명백히 드러내는 안타까운 광경이다. 경영진은 고객 친화적일 수 있는 직원의 자율성을 꺾어놓고, 조직 안에서 그들의 원래 목표를 잊게 한다. 이러한 회사는 마치 어린아이의 체스판처럼 돌아간다. 일부러 그랬든 모르고 그랬든 그런 조직을 만든 거다.

어린아이가 체스를 시작할 때 폰은 1달러, 나이트는 3달러, 루크는 5달러, 퀸은 8달러의 가치가 있다고 배운다. 어른이라면 직관적으로 알고 있는 말 하나하나의 상대적 가치를 이렇게 돈으로 환산해 가르치는 방법은 어느 정도까지는 효과를 발휘한다.

하지만 이 방법의 결점은 빠르게 드러난다. 만약에 아이가 정말로 이렇게만 계속 생각한다면 게임에서 어이없이 쉽게 패하고 말 것이다. 아이는 잠깐의 승기에 들떠 소리칠 것이다.

"와! 내가 딴 말이 25달러어치나 되요!"

하지만 당신은 조용히 몇 수 움직이고 나서 차갑게 말하리라.

"그래, 네 말이 맞구나. …… 그런데 장군이다."

이런 식으로 체스를 배운 아이는 킹의 가치는 무한하기 때문에 정해진 가치가 따로 없다는 개념을 잘 이해하지 못한다.

직원이 조직의 궁극적 목표를 이해하지 못하는 경우에도 비슷한 상황이 벌어진다. 손님은 말 그대로 왕이다. 직원이 조직 내 목표를 깨닫지 못하고, 또 궁극적 목표를 얻기 위해 필요한 어느 정도의 자율적 권한을 부여받지 못한다면, 다시 말해 필요한 경우에 고객을 보호하기 위해 폰 몇 개를 희생하지 않는다면 등 돌리고 떠나는 고객의 장군을 받고 게임에서 지게 된다.

첫째, 동기부여가 필요하기 때문이다. 아침에 일어나야 할 이유가 '월급을 받아야 하니까'라는 것으로는 부족하다. 이런 식으로 생각해보자. 경쟁사 직원들과 비슷한 수준의 임금을 받는 직원이 있다. 그는 어떻게 일해야 하는지, 언제 일해야 하는지, 어디에서 일 해야 하는지를 모두 정확하게 지시받는다. 이런 상황에서 그가 회사에 충성할까? 그렇지 않다. 두뇌의 반만 쓰는 이 직원—실제로 많은 회사가 직원에게 대체로 이 정도의 두뇌 용량만을 요구한다—은 더 많은 자유를 주는 고용주에게로 달려갈 것이다. 그가 바라는 자유는 다음과 같다.

- 업무 시간에 대한 융통성(과거에는 남들이 일을 하지 않는 시간에 일하는 사람이 하급 노동자인 경우가 많았지만 지금은 그렇지 않다.)[1]
- 더 중요한 건 업무 방식에 대한 융통성이다. 매일 매일의 기본적 업무와 업무 활동의 전체적 구조를 설계할 때 실제로 일할 직원의 의견도 고려해야 한다. 이것은 윤리적 요구이다. 열심히 일해야 하는 근무 일정표를 짜는 데 당사자를 참여시키지 않는 것은 피고용자를 단지 노동력으로만 사용하는 것이다.

둘째, 회사는 예측불가능하고 계속해서 변하는, 무척 개인적이고 미묘한 고객의 욕망에 대응할 수 있어야 한다. 코넬대학교 호텔연구센터의 통계를 다시 떠올려보자. 중간 규모의 호텔과 비슷한 사업장의 경우 매일 대략 5,000건의 고객-직원 간 상호작용이 발생한다. 회사에 따라서 이보다 적을

---

1 다니엘 핑크, 《Drive 드라이브 – 창조적인 사람들을 움직이는 자발적 동기부여의 힘》(청림출판, 2011년)를 보면 여기에 관한 좋은 언급이 있다.

수도 더 많을 수도 있는데, 각 상호작용을 올바로 처리하기 위해서는 담당자의 심리적이고 지적인 융통성이 요구된다. 하지만 경영진이 규율과 표준에 '순응'하고 '준수'하기를 원한다면 직원의 이러한 능력은 퇴화할 것이다. 많은 회사가 '직원 권한부여'를 부르짖고 있지만, 실제로는 규정을 지키느라 융통성을 발휘하지 못하는 경우가 많다. 이번 달에 목표를 달성했는가?(장부를 조작해 이번 달의 사고를 다음 달로 이월하지는 않았나?) 모든 물품을 제 시간에 발송했나?(서둘러 보내느라 수취인 주소를 틀리게 써서 배송에 문제가 발생하지는 않았나?) 콜센터가 바쁠 때 고객이 전화를 '제때' 끊도록 유도하였나?(고객의 이야기를 충분히 들어주어야 할 상황이라고 판단했음에도 포기하지는 않았나?)

올바로 뽑아서 교육하고 동료와 함께 일하며 자율성을 부여받은 직원들이 제 실력을 발휘한다. 그렇지 않다면 그들은 몸을 사리고 움직이지 않을 것이다. 비즈니스 안팎을 다룬 수십 건의 연구가 이를 증명한다.[1]

회사는 직원이 책임감을 가지고 고객과 소통하기를 바랄 것이다. 하지만 회사가 시시콜콜한 것까지 다 정해준다면, 보상과 처벌에 일관성이 없어서 관리자와 숨바꼭질 하는 것처럼 느껴진다면 직원은 적극적 태도로 업무에 임하지 않을 것이다. 그들의 생각은 곧 어느 유명 대형 항공사에 근무하는 지친 승무원의 태도를 닮아갈 것이다.

---

1 가장 유명한 연구는 양로원에서 수행된 것으로, 자율성이 삶과 죽음의 문제가 될 수도 있음을 보여준다. "시설에 거주하는 많은 노인의 심신이 약해진 원인의 일부는 그들이 사실상 결정권을 박탈당한 환경에서 지낸 결과이다." 양로원 거주 노인에게 결정권을 부여하자 건강이 실제로 나아졌다. 반면에 결정권이 없는 그룹의 건강은 계속 나빠져서 매우 위험한 상태가 되기도 하였다. (Ellen J. Langer and Judith Rodin, "The Effects of Choice and Enhanced Personal Responsibility for the Aged: A Field Experiment in an Institutional Setting." Journal of Personality and Social Psychology, 34(2) (1976): 191~198쪽.)

"경영진이 새로운 업무 규칙을 만들어서 철저히 따르라고 강조하든 말든 나는 그 말을 흘려들어요. 그런 규칙은 조만간 흐지부지될 걸 알기 때문이죠. 그때가면 또 새로운 뭔가가 생겨날 거고요."

업무 표준이 필요한 이유

회사는 업무 표준을 사용함으로써 서비스의 전 영역에 걸쳐 자신이 보유한 최선의 업무 방법을 공고히 반영할 수 있다. 업무 표준은 고객의 (표현되거나 표현되지 않은) 요구와 필요를 만족시키는데 유용한 실무 매뉴얼이다. 자율적으로 일하는 직원은 고객을 응대하면서 자유롭게 업무 표준을 참고하고 적용한다.

업무 표준은 다음 세 요소를 담아 간략히 정리해야 한다.

1. **해당 서비스의 가치**(우리가 그 일을 하는 근본적 이유)
2. **우리가 이끌어내려는 고객의 감정적 반응**
3. **해당 서비스를 수행하는 바람직한 방법**

셋째 항목은 위급 상황(예를 들면 헤파린 투약)이 아니라면 직원의 자율적 판단 및 재량권이 허락되는 방식으로 정리되어야 한다.

다음은 하나의 요약된 업무 표준을 만드는데 참고하면 좋을 실용적 예시이다.

- 인터넷 홈페이지를 통해 들어온 모든 문의는 기계적이지 않은 인간적 방식으로 빠르게 응답한다. 빠른 응답으로 고객을 돕고 안심시키며 고객

파블로프 같은 직원 키우기

직원은 조직과 고객에 얼마나 기여할 수 있을까? 그 범위는 한 인간이 자신의 가능성을 펼칠 수 있는 한계와 같다. 과학계의 한 실험이 이를 극명하게 보여주었는데, 그 주인공은 생리학자 이반 파블로프다.

파블로프가 원래 하려던 연구는 개에게 먹이를 준 후 그 침을 분석하는 것이었다. 그는 개에게 먹이를 주기 전에 개가 침을 흘리는 모습을 관찰하였다. 호기심 많은 과학자는 연구의 목적과는 상관이 없는 현상을 기록함으로써 실험을 복잡하게 만들었다. 그는 아예 실험의 성격을 바꾸어 조건반사의 개념을 발견하였다. 이것이 유명한 '파블로프의 개'가 탄생하게 된 일화다.

그런데 파블로프 같은 직원을 키워내고 싶다면 어떻게 해야 할까? 어떻게 하면 스스로 게임의 법칙을 바꾸는 직원을 만들 수 있을까? 실마리는 새로운 직원을 고용하는 순간에서 찾을 수 있다. 오리엔테이션 기간이 열쇠다. 신입 직원이 아직 갈팡질팡하는 시기에 조직의 기본 목적을 이해시키고, 그것이 얼마나 중요한지 깨닫게 함으로써 가장 큰 발걸음을 내디딜 수 있다.

직원은 '목표'와 '기능' 모두를 갖는다. 목표는 직원이 일을 하는 이유이고, 기능은 직원이 맡은 업무다. 예를 들어, 의료 현장에서 일하는 직원의 목표는 '환자를 위한 성공적 의료 행위와 따뜻한 보살핌'일 것이다. 반면에 '침대보 교체'는 직원의 기능일 수 있다. 올바른 교육과 관리를 받은 직원이라면 성공적 의료 행위와 따뜻한 보살핌을 위해 시급한 행동이 필요할 때 즉각 침대보 교체를 멈춰야 함을 알며, 또 그런 권한을 부여받았을 것이다.

이런 직원을 키워내기 위해서는 꾸준한 노력이 필요하겠지만, 신입 오리엔테이션에서 처음부터 방향을 잘 잡아야 한다. 회사의 최고 고위직이 주재하여 직원의 목표를 강조해야 한다. 그리고 그 목표에 적합한 일을 했을 때 칭찬받을 것이라는 점을 분명히 해야 한다. 침대보를 몇 장 못 갈았다고 해서 꾸지람을 듣는 게 아니라 말이다.

이 회사와 유대감을 형성할 수 있게 한다.

- 응답은 30분 내에 완료한다.
- 처음 응답이 완벽한 대답이 되도록 노력한다. 그것이 불가능하다면 현재 가능한 대답과 함께 언제까지 완성된 답변을 내놓겠다는 구체적 시간 약속을 한다. 다른 직원의 전문적 도움을 요청할 수 있지만 처음 고객을 응대한 직원이 책임을 지고 해당 고객이 만족할 때까지 노력한다.

업무 표준과 자율성: 두 마리 토끼를 잡는 '하이브리드' 방법

직원의 자율성과 업무 표준 중에서 어느 쪽 손을 들어줘야 할까? 나는 많은 경우 이렇게 짧게 대답한다. "일반적인 상황이라면 정답은 '생각을 하며 따르는 업무 표준'과 '임무 완수 과정에서의 자율성'입니다."

홈페이지 문의 응답 과정에 관한 업무 표준의 사례를 계속 따라가 보자. 직원에게 "원하는 시간에 고객의 질문에 답하라"고 말해서는 안 된다. 고객 물음에 즉각 답하는 것은 훌륭한 고객서비스에 있어서 매우 중요한 부분이기 때문이다. 그렇지만 "서둘러서 이 일을 빨리 처리하지 않으면 문책이 따른다"고 말해서도 안 된다. 그러면 직원은 고객의 물음에 피상적인 답변으로 일관할 가능성이 높다. 이것은 결국 고객을 실망시키는 결과를 낳는다. 상사의 잔소리를 피하기 위해서 일을 빨리 털어내는 데에만 신경 쓸 것이기 때문이다.

내가 제안하는 '하이브리드' 방법이 많은 상황에서 정답인 이유가 여기에 있다. 직원에게 당신의 생각을 합리적으로 설명하라. "고객의 문의에 경쟁사보다 빨리 응답할 필요가 있어요. 이것이 영업에 있어서 우리가 할 수 있는 가장 중요한 다섯 가지 중 하나이기 때문이에요. 지난 14개월 동안의 자료가 이를 뒷받침합니다. 같은 이유로 응답은 친절하고 전문적이어야만 합니다.”

그런 다음에 애매할 수 있는 용어들의 의미를 정확히 집어준다.

- “경쟁사보다 빨리”는 최초 문의 후 2시간 내를 의미한다. 최초 문의와 관련한 추가 문의의 답변은 15분 이내이다.
- “친절하고 전문적”은 ‘최선의 판단’을 해야 한다는 것을 의미한다. 또한, 상담원이 피해야 할 특정 표현을 지적하고, 그 대신 골라 쓸 수 있는 다른 표현들을 마련해 준다.

마지막으로, 업무 표준을 평가하고 이에 따라 보완한다.

어떤 회사가 “우리는 모두 자율적으로 일한다”고 말한다면 한 번쯤 의심해보기 바란다. 예를 들어, 노드스트롬 백화점은 “언제나 최선의 판단력에 의존한다use your best judgement at all times”는 한 문장을 제외한 다른 직원 매뉴얼은 없다고 이야기한다. 정말일까? 100퍼센트 진실은 아니다. 노드스트롬은 엄격한 업무 표준과 교육을 통해 유지되는 회사다. 자포스의 소셜미디어 정책도 마찬가지다. “현실 감각을 유지하고 최선의 판단을 따른다be real and use your best judgement.” 이것이 자포스의 소셜미디어 정책이다. 적어도 그렇다. 적어도가 전부라는 의미는 아니다. 어쨌건 자포스는 (주식을 상장한) 공개 기업이며, 따라서 내부 정보의 유출을 막는 업무 표준이 있을 거라는 추측은 가능하다.

노드스트롬 수준의 고객서비스를 하기 위해서는 직원 자율성 즉 ‘최선의 판단을 따른다'가 극히 중요하다. 하지만 직원이 곰곰이 생각만 할 수 있는 상황은 그리 많지 않다. 복잡하고 갑작스런 일들을 동시에 처리해야 한다. 손님에게 어울리는 옷가지를 골라주고, 옷을 입어본 손님에게 솔직하면서도 기분 나쁘지 않는 말로 표현해야 하고, 또 고객을 위한 '플러스알파'를 고민해야 한다. 이 모든 과업을 성공적으로 수행하기 위해서는 상당한 자율성이 요구된다.

올바로 고용되어 교육받은 사원은 이 자율성을 활용한다. 예를 들어, UPS나 DHL, 페덱스 같은 특급운송회사가 노드스트롬 배송 제품을 비오는 현관 앞에 그냥 놔두는 바람에 200달러 상당의 구두가 못쓰게 되었다고 하자. 당신이 그냥 놔둬도 좋다는 사전 동의를 했다는 게 업체 측 변명이다. 이런 경우 법적으로 누구의 책임일까? 글쎄, 당신의 책임일 수도 있고 배송사의 책임일 수도 있다. 분명한 건 노드스트롬의 책임은 아니라는 거다. 그럼에도 불구하고 같은 일이 나에게 일어났을 때 내게 구두를 판 판매원[1]이 했던 말은 "배송 기사에게 손해배상 청구를 하세요"가 아니라 이거였다. "고객님 정말 많이 당황하셨겠어요. 바로 새 구두를 가져다 드리겠습니다. 45분 후에 댁에 물건 받을 분이 계실까요?"

하지만 다른 한편으로 노드스트롬을 비롯한 여러 뛰어난 기업은 많은 부분을 업무 표준에 의존한다. 예를 들어, 노드스트롬 매장의 직원 호출 방송은 다른 어떤 곳과 비교해도 독보적이다. 호출 방송을 할 때마다 담당 직원이 자율적이고 임의적으로 나은 결정을 해서가 아니라, 내부의 누군가

---

1 그녀의 이름은 조앤 해시스Joanne Hassis다. 펜실베이니아 주 킹오브프러시아King of Prussia 몰에 있는 노드스트롬 백화점이다!

미소와 시스템

칼 슈얼은 오래 전에 《한 번 고객을 평생 고객으로 만드는 법Customer for Life》이라는 책의 소제목에 '미소가 아니라 시스템System, Not Smiles')라는 이름을 붙였다. 요점은 이렇다. 식당 음식이 엉망이면 직원이 아무리 밝게 웃고 열심히 사과해도 고객은 발길을 끊는다.[1]

맞는 말이다. 하지만 다른 한편으로 보면, 미소가 실종된 서비스를 원하는 고객은 아무도 없다. (뉴욕 최고의) 외식업 경영자 데니 메이어도 이렇게 말한다. 손님이 접객 서비스에서 원하는 것은 존중받는 느낌과 다시 찾았을 때 자신을 기억해주는 것 두 가지라고. 나는 이렇게 말하고 싶다. 이 두 가지는 미소가 함께 할 때 가장 잘 전해진다고.

나는 항상 미소와 시스템이 공존하는 방안을 제시해왔다. 두 마리 토끼를 다 잡는 회사는 많지 않다. 몇 해 전의 일이다. 우리 가족은 불과 몇 킬로미터 떨어진 곳으로 이사를 가게 되어 동네 이삿짐 회사를 추천받았다. 직원들은 종일 밝은 미소를 머금고 있었다. 왜 사람들이 이 회사를 추천했는지 알 것 같았다.

그런데 미소의 바다 한 가운데에서 나는 미심쩍은 일 처리 방식을 알아챘다. 이삿짐을 담은 수십 개 상자에는 그저 '작은 방'이나 '서재' 등의 글씨가 갈겨쓰여 있을 뿐 번호가 붙어져 있지 않았다. 꼬리표 체계가 없었던 것이다. 다시 말해서, 모든 상자가 다 제대로 도착했는지 아닌지 확인할 방법이 없었다.

그럼에도 상황은 문제없어 보였다. (다시 말하지만 미소의 힘은 강력하다. 이것이 오히려 사람의 눈을 가리기도 한다.) 그런데 우리는 뭔가 없어진 것을 발견하였다. 몇 년 전에 산 작은 그림 한 점이었는데, 추억이 깃들어 있어 소중히 간직하던 것이었다.

이 기분 좋은 소규모 동네 이삿짐 회사가 우리를 도울 수 있었을까? 아니다. 그림의 행방을 추적할 방법은 없었다. 언제 어디서 사라졌는지는 물론, 사라졌

---

1 Carl Sewell and Paul B. Brown, 《Customers for Life: How to Turn That One-Time Buyer into a Lifetime Customer》(Crown Business, New York, 2002); "Systems, Not Smiles" 는 제5장.

가 고객의 입장에서 가장 귀에 거슬리지 않는 호출 체계를 고안해 표준화했기 때문이다. 호출 시스템 개념을 고객 경험 중심으로 다듬은 결과(최대한 짧게 방송하도록 최소한의 정보만 전달함), 노드스트롬은 어디에서 누가 부른다는 것과 같은 기타 모든 언급을 제거하게 되었다. 고객이 듣는 것은 '제이미 존슨' 같은 직원 이름뿐이다. 이것이 어떻게 가능할까? 호출 받은 직원이 사내 전화로 연락하여 자기 이름을 말하면 교환원이 적절한 내선 번호에 연결해준다.

사자의 혀와 PEPI

자율성과 업무 표준이 항상 상반되는 것은 아니다. 리츠칼튼에서는 예전에 호텔의 사자 로고 문양이 예쁘게 새겨진 와인 잔을 사용함으로써 두 가지 목적을 수행하였다.

① 호텔의 사자 로고를 노출시켜 브랜드를 홍보한다.
② 사자의 혀는 와인을 적절한 양만큼 따르는 지점을 표시한다.

그 시절을 보낸 리츠칼튼 직원에게 물어보면 그들은 자부심 있는 얼굴로 아는 사람만 아는 이 미묘하되 강력한 업무 표준을 설명해줄 것이다.

리츠칼튼 직원은 왜 자신의 자율성을 제한하는 것에 자부심을 갖는 걸까? 리츠칼튼의 자산(이 경우에는 정량의 와인)을 보호하는 것은 명백히 규정되어 있는 회사의 가치이기 때문이다(제5장 참고). 그리고 와인을 따를 때 표식이 없으면 양의 편차가 발생할 수밖에 없는데, 이것은 도요타의 영향을 받은 리츠칼튼의 세계관에서 보면 다섯 가지 핵심 결점 중 하나이다. 리츠칼튼은 다섯 가지 핵심 결점을 쉽게 기억할 수 있도록 'Mr. Biv'(업무 현장에서의 실수Mistakes, 재작업Reworks, 고장Breakdowns, 비효율Inefficiencies, 편차Variations를 피한다는 말에서 각 머리글자를 딴 줄임말)로 교육을 한다. 그럼으로써 직원의 자율성에 업무 표준을 스며들게 하여 커다란 차이를 만들어낸다. 고급스럽게 새겨진 사자 로고로 표현된 업무 표준, '사자의 혀끝'은 직원들이 업무 표준을 소중하게 여기며 따르게 만드는 것이다.

사람 목숨이 달린 심각한 상황에서는 업무 표준을 강하게 주입하는 편이 옳다고 생각할지도 모른다("헤파린 투약량을 혼동하지 마. 그랬다간…!"). 안타깝게도 그 효과는 생각만 못하다.

그렇다면 업무 표준을 강화하는 효과를 낼 수 있는 것으로 무엇이 있을까? 나는 그 4가지를 각 단어의 머리글자를 따서 PEPI로 정리한다('페피'라고 읽는다).

● **목적**Purpose

직원은 목적을 명확히 알아야 한다. 그리고 업무 표준이 어떻게 목적에 부합하여 쓰이는지 선명히 이해할 수 있어야 한다.

- **현명한 강화**Enforce intelligently

  업무 표준을 유지하며, 교육하고, 보완한다.

- **동료 압력**Peer pressure

  긍정적인 동료 압력은 반드시 필요하다.

- **참여**Input

  직원은 업무 표준의 개선, 변화, 심지어 향후 폐지에 관해 발언할 수 있
  어야 한다.

업무 표준의 전달과 자율성 유지

직원에게 업무 표준을 전달할 수 있는 비밀은 무엇일까? 무엇보다도 직원
이 성공의 방향을 향해 걷도록 인내심을 갖고 잘 이끌 필요가 있다. 이런
과정을 통해 모든 직원이 동일한 목표를 향하도록 유지하는 것이다. 업무
표준 전달에 성공하기 위해서는 적응력과 지도력이 요구된다. 이것을 잘 보
여준 이야기로 이번 장을 끝내려 한다.

이사도어 샤프는 직원에게 업무 표준을 교육하고 성과를 이끌어 낸 일
화를 들려준다. 심지어 고급 호텔 서비스를 전혀 경험해본 적 없는 원주민
직원들로 말이다. 포시즌스는 오지의 섬에 리조트를 지었다. 그곳의 인사
책임자는 경력보다 인성을 보고 직원을 뽑았다. 샤프 본인도 이곳을 방문
한 후에야 업무 표준 전달에 얼마나 많은 인내와 이해가 요구되는지를 깨
달았다고 한다.

나는 룸서비스를 시켰다. 어느 젊은 여성이 내 주문에 맞춰 준비해 온 것들을 테라스에 빠짐없이 배치하기 시작했다.

"어디서 이런 걸 다 배웠나요? 이 일을 하기 전에 어떤 일을 했죠?"

내가 물었다.

"전에는 일해본 적이 없습니다. 이곳이 제 첫 직장입니다, 선생님."

"그럼 이것들을 다 어떻게 배웠나요? 방금 가져와 세팅을 마친 것들은 종류도 많고 순서도 복잡해요. 그런데 빠진 것 하나 없이 모두 순서에 맞춰 제자리에 놓았네요."

"네, 선생님. 이곳 호텔 분들이 모든 것을 가르쳐 주었습니다."

"그래요? 어떻게 일을 배웠는데요?"

"이것들을 집으로 가져가서 가족과 함께 연습할 수 있게 해줬어요."

나는 그제야 존(스트라우스, 리조트의 직원 교육 책임자)이 말한 인내와 이해가 무슨 의미인지 깨달았다. 그는 국제적 호텔의 고품격 서비스를 이해하기는커녕, 서비스를 한다는 게 뭔지도 모르는 신규 인력을 위한 특별한 교육 프로그램을 만들어 낸 것이다. 존은 지원자의 태도를 보고 누굴 뽑고 누굴 뽑지 말아야 할지를 결정한 다음, 인내심 있게 그들이 호텔의 업무를 이해하도록 도왔다. 우리가 어떻게 그리고 왜 이런 일들을 하는지 이해시킨 것이다. 그리고 완벽하게 숙달될 때까지 직원들이 스스럼없이 질문하고 연습할 수 있도록 했다.[1]

---

1 이사도어 샤프, 《사람을 꿈꾸게 만드는 경영자》(지식노마드, 2011년)

상황에 따라서는 직원이 집에 일을 가져가도록 하는 것이 적절치 않을 수도 있다. 그렇지만 모르는 것을 편하게 질문할 수 있고, 실수를 해도 혼나지 않고 배울 수 있는 환경은 직장 동료가 조성할 수 있다. 이러한 기업 문화야말로 당신이 찾고 있는 바로 그것일 테다.

요약

▶ 직원은 조직의 목적을 이해해야 하며, 목적을 달성하기 위해 자율적인 행동을 할 권한을 부여받아야 한다. 융통성 부족은 고객을 등 돌리게 한다. 올바로 뽑아서 교육하고 동료와 함께 일하며 자율성을 부여받은 직원들이 제 실력을 발휘한다. 그렇지 않다면 그들은 몸을 사리고 움직이지 않을 것이다.

▶ 피고용자는 임금 수준만 비슷하다면 더 많은 자유를 주는 고용자에게 달려가기 마련이다.

▶ 회사는 직원이 책임감을 가지고 고객과 소통하기를 바랄 것이다. 하지만 회사가 시시콜콜한 것까지 다 지시한다면, 보상과 처벌에 일관성이 없다면 직원에게 책임감을 기대할 수 없게 된다.

▶ 신규 직원 오리엔테이션은 그들의 잠재력을 끌어내는 데 있어 장족의 발전을 이룰 수 있는 시간이다. 가능하면 오리엔테이션은 회사의 최고위직이 주재해야 한다. 직원의 목표를 강조하고, 그 목표에 적합한 일을 했을 때 칭찬받을 것이라는 점을 분명히 해야 한다. 예를 들어, 호텔의 투숙객을 돕느라고 침대보를 몇 장 못 갈았다고 해서 꾸지람을 들어서는 곤란하다.

▶ 회사는 업무 표준을 사용함으로써 서비스의 전 영역에 걸쳐 자신이 보유한 최선의 업무 방법을 공고히 반영할 수 있다. 자율성을 가지고 일하는 직원이 고객의 (표현되거나 표현되지 않은) 요구와 필요를 만족시키는 과정에서 융통성 있게 수정·보완해 적용할 수 있는 매뉴얼이다. 업무 표준은 고객의 (표현되거나 표현되지 않은) 요구와 필요를 만족시키는데 유용한 실무 매뉴얼이다. 자율적으로 일하는 직원은 고객을 응대하면서 자유롭게 업무 표준을 참고하고 적용한다. 업무 표준은 다음 세 요소를 담아 간략히 정리해야 한다.

- 해당 서비스의 가치(우리가 그 일을 하는 근본적 이유)
- 우리가 이끌어내려는 고객의 감정적 반응
- 해당 서비스를 수행하는 바람직한 방법

▶ 업무 표준 강화가 필요할 때 PEPI 법칙을 활용하라.

- 목적Purpose
- 현명한 강화Enforce intelligently
- 동료 압력Peer pressure
- 참여Input

▶ 업무 표준을 교육하기 위해서는 많은 인내와 이해가 필요하다.

Part III

셀프서비스와 소셜미디어의 시대

제8장

셀프서비스 시대

올바른 무인자동화서비스

비단 직원만 폭넓은 자율성을 원하는 건 아니다. 고객 역시 무인자동화서비스를 선택하며 자율성에 대한 기대와 욕망을 높이고 있다. 이것은 현대 소비자의 매우 강력한 경향이다. 일부 소비자는 거래 과정을 처음부터 끝까지 다 셀프서비스 환경에서 진행하고 싶어 한다. 이제는 사람이 제공하는 서비스를 셀프서비스로 보완하는 일에도 점점 익숙해지고 있다. …… 나도 얼마 전에 동네 악기점에서 쇼핑하면서 스마트폰으로 셀프서비스를 했다.

기타줄과 아이폰

토요일 아침, 나는 시내의 기타 가게로 향하고 있었다. '베이비테일러Baby Taylor'(일반 어쿠스틱 기타보다 작은 테일러社의 미니 기타)에 끼울 기타줄이 필요했기 때문이다. 점원은 적어도 일반 기타에 관해서는 박식해 보였다. 그는 미디엄 게이지(중간 굵기)에 보통 길이full-length의 기타 줄이면 좋을 것 같다고 말했다. 남는 줄은 '베이비' 기타에 맞춰 자르면 된다고 말이다. 하지만 나는 반신반의했다. 직원이 나에게 조언하기에 앞서 테일러사의 홈페이지에 들어가 그가 권장하는 기타줄에 대한 설명을 읽어보는 게 맞지 않나 하는 생각이 들었다. 그래서 내가 직접 아이폰으로 확인해보기로 하였다. '베이비테일러에 사용하는 기타줄의 종류는?'이라는 질문을 입력하고 손가락으로 몇 번 넘기자 금방 공식 사이트가 나타났다. 그곳에는 어떤 기타 줄을 사용해야 하는지, 또 왜 그래야 하는지에 관한 정확한 설명이 있었다.

> 공장에서 출고될 때 베이비테일러에는 라이트 게이지(얇은 굵기)의 엘릭시르 나노웹Elixir NANOWEB 줄(.012에 하이E)이 끼워져 있습니다. 기타줄을 교환할 때도 계속해서 라이트 게이지를 사용하길 권합니다. …… 우리 회사의 빈틈없는 AS팀은 테일러 기타에 좋은 것과 좋지 않은 것을 명확히 판단합니다. …… 라이트 게이지가 아닌 다른 줄을 사용하면 베이비테일러를 너무 …… '당기게' 됩니다. 그리고 음조 및 조율 상태 유지 능력에 문제가 생깁니다.[1]

고객으로서 나는 셀프서비스를 이용하여 내가 처한 매우 특수한 상황(매년 그 가게에 입고되는 수백 대의 기타 중에 베이비테일러는 단지 한두 대일 것이다)에 대한

1　Taylor Guitars, "Taylor Support" www.taylorguitars.com/blog/taylor-support.

정확한 대답을 얻었고, 그럼으로써 내 기타도 제소리를 잃을 뻔한 위기에서 구할 수 있었다. 이처럼 다양한 서비스 현장에서 고객이 직접 핵심 정보를 챙기게 되는 것은 필연적 결과다. 고객은 스스로 알기 위해 혹은 필요한 정보를 얻기 위해 서비스 제공자보다 더 많은 시간을 투자하곤 한다. 이것이 현대 무인자동화서비스의 매력 중 하나다.

애플스토어도 자동 안내 장치를 선호하는 현대 소비자의 성향을 간파했다. 그들은 매장의 진열 제품 옆에 특별한 프로그램을 내려받은 ('스마트 안내판Smart Signs'이라는 이름의) 아이패드 거치대를 설치하였다. 아이패드 스마트 안내판은 애플스토어를 떠나는 고객의 숫자를 줄인다. 고객은 궁금한 점을 스스로 찾으며 애플의 세계 안에 더 오래 머문다. 애플의 복음을 계속 파헤치는 것이다. 예를 들어, 노트북의 기능을 탐색하고 다양한 모델을 비교하거나 새 아이폰의 예상 청구액을 통신사와 요금제별로 따져보기도 한다. 그러다가 사람의 도움이 필요해지면 아이패드에서 직접 매장 직원을 호출할 수 있다.

세계 최대 유람선 회사인 로열캐리비언 크루즈도 비슷한 대처를 한다. 유람선 승객은 애플스토어의 고객과는 달리 바다에 빠지지 않고서는 배를 떠날 수 없긴 하지만 말이다. 로열캐리비언의 최신 유람선인 '바다의 매력Allure of the Sea'호의 전 갑판에는 터치스크린을 사용하는 무인 자동 안내 키오스크가 설치되어 있다. '셀프서비스 컨시어지'인 것이다. 키오스크는 '유람선 활동 및 놀이 가이드'와 '객실 찾기' 등의 정보를 제공한다.[1]

---

1 Gerry Barker, "Aboard the Allure of the Sea: This Ship Is Giant Fun," Palm Beach Post, 2010년 12월 1일자.

셀프서비스의 역사

영국의 출판업자이자 도서 판매상인 리처드 칼라일은 언론과 투표의 권리를 주창한 사회운동가였다. 그는 급진주의자와 개혁론자의 금지 서적을 배포하고, 또 정부가 공식 승인한 대학살 사건(피털루의 학살—옮긴이)을 폭로한 죄로 1819년부터 1823년까지 투옥당했다.

형기를 마치고 나온 그는 법망을 피하고 투옥되지 않는 방법을 찾다가 세계 최초의 책 자판기를 발명하기에 이른다. '돈을 넣고 다이얼을 돌리면 손님이 원하는 책을 떨어뜨려주는' 기계였다. 따라서 엄밀하게 말하면 칼라일은 판매를 한 것이 아니게 되었다. 적어도 그가 체포되었을 때 법정에서 그렇다고 주장했다.[1]

그 후 거의 2세기 동안 무인자동화서비스의 이미지는 '무언가를 재빨리 구입해 사라지는' 것이었다. 《자동판매기Vending Machines: Coined Consumerism》를 쓴 크리스토퍼 샐라이어즈도 같은 얘기를 한다. 의사의 권장량보다 소금을 많이 넣은 과자, 콘돔, 숙취 해소제, 그리고 미성년자는 정확한 액수의 동전을 넣고 담배를 빼가기도 한다. 일본에는 좀 더 은밀한 상품을 파는 자판기까지 있다고 한다. 모두가 타인의 시선에서 도망치고 싶은 것들이다.[2]

이제 비밀스러운 셀프서비스의 시대는 막을 내린 것 같다. 우리는 공항 대합실에서 항공사 키오스크를 이용하거나, 스마트폰으로 온라인 쇼핑을 즐긴다. 하지만 사생활을 보호받고 싶은 욕망, 정말로 홀로 있고 싶은 욕망은 여전히 유효하며, 이것이 많은 무인자동화서비스의 상호작용('반상호작용'이라고 해야 할까?)을 이끄는 힘임을 기억해야 한다.

어떤 소비자는 타인과 함께 있는 걸 불편해 한다. 타고난 성격일 수도, 잠시의

---

1 Radley Balko, "The Subversive Vending Machine: The Liberatory History of Automated Commerce" Reason, 2010년 6월호, reason.org/news/show/subversive-vending-machine. 언급되는 책은 Christopher D. Salyers, Vending Machines: Coined Consumerism(Mark Batty Publisher, New York, 2010).

2 위와 같음.

기분 때문일 수도 있다. 종전에 경험한 무례한 직원의 모습이 뇌리를 떠나지 않거나 한밤중에 갑자기 그 기억이 떠올랐을 가능성도 크다. 다시는 그런 일을 겪고 싶지 않지만, 그렇다고 그 회사와 거래를 끊을 생각까지는 없다. 반대로 회사 입장에서도 고객을 잃고 싶지 않다. 셀프서비스 트렌드는 사실 그 추동력의 일부를 이처럼 인간의 묘한 성격적 요소에 빚지고 있다. 무인자동화서비스를 기획하고 보완할 때는 이 점을 기억해야 한다.

비즈니스 거래에 있어서도 마찬가지다. 무인자동화서비스는 오직 고객만 아는, 혹은 고객이 가장 잘 아는 자세한 정보의 유입로 역할을 함으로써 스스로의 가치를 증명한다. 최근에 나는 급여 아웃소싱 업체들의 조합인 페이롤그룹The Payroll Group에서 강연을 했는데, 뒤풀이 자리에서 놀라운 사실을 새롭게 알게 되었다. 회원사들 얘기로는, 고객이 직접 원격 소프트웨어를 통해 접속하여 직원 이름의 정확한 스펠링 같은 세부사항들을 확인하도록 한다는 것이다.

오늘날의 기업에게는 다음과 같은 선택지가 있다.

- 현대의 셀프서비스 트렌드를 수용한다
- 이것을 무시한다
- 이것에 짜증낸다
- 이것을 과도하게 받아들여 모든 고객에게 강요한다

정답은 '예측 서비스를 제공하는 수단으로 셀프서비스를 수용한다'이다. 다행히도 무인자동화서비스는 그 특성상 예측의 성격을 갖기 쉽다. 고객 스

스로 자신의 세세한 정보와 바라는 바를 입력할 수 있기 때문이다. 이것은 '스마트 셀프서비스' 형태로 업그레이드될 수 있다. 정말로 훌륭한 무인자동화서비스란 마치 인공지능처럼 고객의 선택과 행동을 제안하는 예측 서비스다. IBM의 기술은 피팅룸에서 입어보는 운동복에 어울리는 끈을 추천해준다. 공항 키오스크의 메시지는 영수증과 보딩패스가 모두 있어야 비행기에 탑승할 수 있으니 둘 다 꼭 챙기라고 경고해준다. 탑승구에서 쩔쩔매는 탑승객이 종종 있기 때문이다. 온라인 상점은 기존 주문에 더하여 고객에게 유용한 추가 아이템을 제안한다. 이러한 제안은 크라우드소싱crowd sourcing|대중의 참여를 통해 제품이나 서비스 등을 개선하는 것|이나 전문가의 조언을 통해서 나온다. 어떠한 경우에도 판매 수수료가 목적이어서는 안 된다.

셀스서비스의 성공 원칙

무인자동화서비스는 구체적이며 예측할 수 있는 규칙을 따른다.

1. **고객에게는 접근 수단을 선택할 권리가 있어야 한다.** 선택권은 고객이 선택한 방법을 업체가 존중해야 한다는 의미다. 전화를 걸어온 고객이 이런 말을 들어서는 안 된다. "홈페이지에서 하셔야 합니다."(놀랍게도 이런 일은 늘 발생한다.) 고객이 전화를 선택한 데에는 이유가 있는 거다. 그러니 답도 전화로 들어야 한다!(전화와 홈페이지는 상호배타적이지 않다는 점을 지적한다. 고객은 웹사이트가 불통이거나, 사용하기가 제한적이거나, 혹은 이용이 불편해서 전화 수화기를 들었을 수 있다. 그러니 고객이 생각하는 이 '바보 짓거리'를 다시 강요해서는 안 된다. 제10장 참조.)

예를 들어, 한 호텔 체인은 계속해서 자동 키오스크 사용을 종용한다. 말 그대로 '계속해서'이다. 호텔 예약을 하고 나면 매번 일정 간격으로 이메일을 보내서 새로운 기계의 사용을 권한다. 나는 호텔에 도착하면 그들의 권고를 무시하고 프런트로 간다. 그리고 이런 말을 듣는다. "손님, 프런트로 오실 필요 없습니다. 키오스크에서 체크인 가능합니다." 모르는 바 아니다. 사람이 수속해 주는 게 좋기 때문이다. 내게 있어서 프런트 직원의 친절한 체크인은 호텔 투숙의 중요한 경험이다. 어느 쪽을 선택할 것인가는 내가 결정할 문제다.

2. **셀프서비스에는 '비상구'가 필요하다.** 다음 두 가지 예를 참고하자.

● 자동 발송되는 확인 메일은 발신 주소로 회답이 가능하거나, 아니면 적어도 수신 가능한 이메일 주소를 잘 보이게 써놔야 한다. 큰 회사가 확인 메일을 보내며 "본 메일은 발신전용이며 회신되지 않습니다"라는 말로 끝을 맺는다면 그건 고객을 걷어 차버리는 것이다. 작은 회사가 그런다면 그건 그냥 웃기는 것이고. 양쪽 모두 고객은 절망스럽다. 이것은 상호호혜에 대한 인간의 욕구를 거스르는 불공평한 행위다. 회사는 고객에게 메일을 보내면서 답장은 사양한다고?!

● '자주 묻는 질문FAQ'과 같은 웹페이지 끝부분에 "답변 내용에 만족하셨나요?"라는 말을 넣는다면, 고객의 대답이 "아니요, 문제가 해결되지 않았습니다"일 때 어떻게 대응해야 할지 고민해야 한다. 먼저, 현재 상황의 의미를 짚어봐야 한다. 사실 고객은 회사가 해야 할 일을 스스로 대신하기 위해 노력한 것이다. 애썼지만 답을 얻는 데는 실패하였다.

그건 회사가 실패했다는 의미다. 따라서 회사의 대답은 다음과 같아야 한다. "고객님, 대단히 죄송합니다. 더 확실한 답변이 되도록 보완하겠습니다. 이곳을 클릭하시면 상담원에게 도움을 받으실 수 있습니다." 혹은 "이곳에 전화번호를 남겨주시면 저희 전문상담원이 연락드리겠습니다. 전화에 앞서 고객님이 궁금하신 내용과 문제점 및 답변이 만족스럽지 못한 이유를 파악하여 더 나은 답변을 드리도록 노력하겠습니다."

3. **고객이 어떤 항목을 선택해야 할지 고민하게 만들지 마라.** 고객이 회사의 조직 구조와 상품 분류 방식까지 신경 쓸 이유는 없다. 조직도와 분류표는 회사에게나 중요한 것이다. 이건 정말 중요한 문제다. 아마존닷컴 같은 대표적 온라인 셀프서비스 상점을 생각해보자. 그렇다. 아마존 사이트에는 여전히 어떤 계통적 메뉴가 있지만 사이트가 진화함에 따라서 점점 축소되어 왔다. 있긴 하되 고객의 눈에 거슬리지 않는 게 중요하다. 그렇다면 이것을 무엇이 대신하게 되었을까?

● '이 제품을 구매한 고객이 구매한 제품Customers Who Bought This Item Also Bought' 기능은 믿을 수 없을 만큼 효과적이다. 아마존닷컴이 판단하기에 해당 고객과 유사한 다른 고객이 구매한 인기 있는 상품들의 이름을 사진과 함께 노출한다.

● 시원하게 큼지막한 검색창은 고객이 어떤 단어를 입력하든 필요한 것을 잘 찾아준다(고객이 입력한 단어로 찾는 것을 발견하지 못할 경우에 대비하여 검색 결과 아래에 '검색 피드백Search Feedback' 박스가 있다).

● 아마존 내부의 전문용어는 절대 사용하지 않는다. 고객은 '반품팀'

'신용' '기술지원' '계정서비스' 등과 같은 용어에 고민할 필요가 없다. 아마존닷컴도 내부적으로는 전문적인 용어를 많이 사용하는 회사지만 고객 응대 과정에서는 그중 단 한 단어도 새나가지 않는다. 모든 서비스는 통상 언어로 이루어진다.

4. **고객 편의성은 엄밀한 과학의 영역이다.** 편의를 가장한 불편은 고객의 시간과 노력을 낭비하게 하므로 고객 편의성은 과학적 연구에 근거해야 한다. 하지만 많은 회사가 여전히 주먹구구식이다.

예를 들어 보자. 사람들은 왜 IVR(대화형 음성 응답 자동 전화)을 끔찍이도 싫어하는가? IVR 체계의 편의성 규칙을 무시하거나 에둘러 피해가려는 회사가 너무 많기 때문이다. 예를 들어, 대부분의 사람은 한 번에 30초 이상의 정보는 머리에 담지 못한다. 따라서 IVR의 선택 번호나 정보 안내가 30초 넘게 이어진다면 고객의 머릿속은 뒤죽박죽으로 엉켜버린다. 고객이 기억할 수 있는 선택 항목의 개수에 관해서도 비슷하게 반드시 지켜야 할 규칙이 있다. 하지만 많은 회사가 각각의 항목에 하위 메뉴를 두는 방식으로 이 규칙을 엉뚱하게 응용해 다 망쳐버린다. 이렇게 말이다. "A부서, B부서, C부서는 1번을 누르세요." 이 경우에 하위 옵션 하나는 고객이 사실상 세 개 부서와 선택 번호 하나라는 네 가지를 기억하도록 요구한다.[1] 인간의 한정된 기억력 말고도 고객의 편안한 이용을 위해 지켜야 할 일종의 관습이 있다. 예를 들어, 전화기에서 0번을 누르

---

1 빌 프라이스, 데이비드 제프, 《베스트 서비스 노 서비스 : 서비스하지 않는 것이 최고의 서비스다》(호이테북스, 2014).

면 곧바로 상담원과 연결되어야 한다. 그리고 웹사이트 검색창은 고객이 예상하는 바로 그곳에 있어야 한다. 페이지 맨 위 말이다.

5. **고객은 차선을 바꿀 수 있어야 한다.** 웹사이트, 전화, 이메일 등 고객이 어떤 경로로 들어오든 응대는 매끄럽고 잘 연결되어야 한다. 각 경로의 경험이 완전히 다르게 느껴져서는 안 된다. 고객이 자신의 정보를 알려주었다면 상담 경로를 바꾸었다고 모든 것을 처음부터 다시 물어서는 안 된다.

6. **무인자동화서비스는 한 번 설치하고 잊는 게 아니다.** 지속적 관리가 필요하다. 창업 잡지의 뒤표지를 보면 자판기 주인이 되어 편하게 고수익을 올리라는 광고가 있다. 마치 숲속에 덫을 놓는 것처럼 자판기를 설치한 다음 잊고 있다가 이따금 한 번씩 찾아가서 확인하고 돈 통에 모인 돈을 긁어오기만 하면 된다는 것이다. 현대의 무인자동화서비스는 이렇지 않다. 정기적으로 살펴보고 검토해야 한다. 더 정확히 말하자면, 무인자동화서비스를 설치할 때 이를 정기적으로 살펴보는 계획도 함께 세워야 한다.

내가 운영하는 회사인 오아시스의 사례를 보자. 우리는 온라인으로 카탈로그를 요청하는 사람에게 즉각 자동으로 환영 메일을 보내는 체계를 마련해 두었다. 자동 답변 이메일을 통해 환영 인사를 내보냄으로써 기대 고객을 맞아들이고, 또 고객들이 링크를 따라 우리 웹사이트에 들어올 수 있도록 초대한다. 종이 카탈로그가 우편으로 배달되기까지 며칠을 기다릴 필요가 없는 것이다. 그와 함께 친근한 느낌을 주기 위

고객의 접근 경로 갈아타기

소비자는 서비스나 제품에 다른 경로로 접근할 수 있다. 이것을 기억하자. 온라인으로만 쇼핑하는 구매자도 직접 물건을 보기 위해 오프라인 매장을 방문하곤 한다(신선 식품을 사는 경우에는 정확히 반대의 상황이 나타날 것이다. 인터넷에서 가격을 확인하고 구매는 오프라인 매장에서 한다는 뜻). 이를테면 이들은 일 년에 한 번 정도 미국의 아웃도어 쇼핑몰 오르비스Orvis 매장을 방문하지만, 제품 주문은 언제나 인터넷으로 한다고 말할 것이다. 그렇기 때문에 오프라인 매장이 온라인 고객을 위한 '샘플 매장'의 역할을 하여 그들이 직접 상품을 만지고 느껴볼 수 있게 한다면 이것이 꼭 브랜드에 부정적일 이유는 없다. 똑바로만 한다면 말이다. 하지만 분명한 계획을 세울 필요는 있다. 예를 들어, 이런 샘플 매장은 제 살 깎아 먹기 식의 가격 경쟁에 악용될 수 있지만, 반대로 할인이나 QR코드(사각형 바코드로, 고객을 특정 웹사이트에 연결시켜 준다) 등을 통해 긍정적인 결과를 내기도 한다. 매장 방문을 웹사이트나 모바일 구매로 이어주는 것이다.

해서 이메일에 고객 상담이 가능한 모든 직원의 이름을 넣었다. 문제는? 글쎄, 우리 회사의 이직률이 낮은 편이긴 해도 이따금 누군가 떠나거나 자리가 바뀐다는 점일 것이다. 그러니 이메일 답변 내용을 방치해 둔다면 어느 시점부터는 더 이상 고객 상담을 하지 않는 직원의 이름도 포함되는 거다. 아마도 이메일에 있는 다른 정보와 링크 역시 바꿔야 할 테고 말이다. 그래서 나는 일정한 간격으로 직접 확인 메일을 받아서 내용을 검사할 수 있는 모니터 과정을 구축하였다. 간단한 해결책이다.

만약 이런 절차적 체계가 없으면 어떻게 될까? 오래 전에 나에게 컨설팅을 의뢰했던 호텔이 생각난다. 각 객실에는 이렇게 쓰인 코팅 카드가 있었다. "간단하게 인터넷을! 책상 서랍에서 인터넷 선을 꺼내 인터넷을 사용하세요!" 안타깝게도 서랍에 인터넷 선은 없었다. 방에는 랜 선을 끼울 잭도 없었다. 인터넷 서비스는 아마 와이파이로 바뀐 것 같았다. 안내 메시지도 따라 바뀌었으면 좋았으련만.

7. **직원들 스스로 셀프서비스를 꾸준히 사용해봐야 한다.** 그렇지 않으면 셀프서비스를 추천하기도 이해하기도 쉽지 않을뿐더러, 무인자동화서비스 사용에 관해 고객과 구체적 대화를 나누는 일 자체가 불가능하다.

8. **셀프서비스 과정에서 지나친 상향 판촉 행위는 브랜드를 죽인다.** 이러한 측면에서 아마존닷컴의 추가 구매 권유 방법은 이상적이다. '이 제품을 구매한 고객이 구매한 제품Customers Who Bought This Item Also Bought' 목록은 현재 선택한 제품을 산 고객들이 무엇을 샀는지 슬쩍 알려준다. (그리고 '이 상품을 본 고객이 구입한 상품What Other Items Do Customers Buy After Viewing This Item?' 목록을 통해 판매 실패를 막는다. 고객이 해당 상품을 살펴본 후 구매하지 않기로 마음먹는 경우에 다른 대안을 제시하는 것이다.) 셀프서비스에서 강압적 판촉은 역효과를 가져온다. 사람의 목소리가 없기 때문이다. 그럼에도 불구하고 더 직접적인 상향 판촉을 시도하고 싶다면 분위기를 누그러뜨릴 수 있는 유머를 섞으라고 권한다. 온라인 관계가 가진 어색한 본성을 웃음으로 완화하는 것이다.

✳ ✳ ✳

셀프서비스는 미래의 물결이 아니다. 현실이다. 무인자동화서비스를 받아들여야 한다. 고객은 이미 그렇게 하고 있다.

요약

▶ 정답은 '셀프서비스를 수용하여 예측 서비스를 제공하는 것'이다.

▶ 훌륭한 셀프서비스는 예측 서비스이다. 마치 인공지능처럼 고객의 선택과 행동을 제안하기 때문이다. 고객이 자발적으로 참여하면 더 구체적인 서비스가 가능하다.

▶ 고객에게는 접근 수단을 선택할 권리가 있어야 하며, 업체는 고객이 선택한 방법을 존중해야 한다.

▶ 셀프서비스에는 '비상구'가 필요하다. 예를 들어, 자동 발송되는 메일은 발신 주소로 회답이 가능하든지, 아니면 적어도 수신 가능한 이메일 주소를 잘 보이게 제공해야 한다. '자주 묻는 질문FAQ'과 같은 웹페이지 끝부분에 "답변 내용에 만족하셨나요?"라는 말을 넣는다면, 고객의 대답이 "아니요"일 때 어떻게 대응해야 할지 고민해야 한다.

▶ 모든 것은 고객의 관점에서 정리하고 설명해야 한다. 고객은 회사의 조직이나 상품 분류 방식을 알고 싶어하지 않는다.

▶ 고객 편의성은 과학의 영역이다. 고객 스스로 답을 찾는 기능과 과정을 개발할 때 이것을 명심한다.

▶ 고객의 최초 접촉 경로가 무엇이든 (이메일, 온라인, 매장 방문 등) 특별한 어려움 없이 다른 경로로 바꿀 수 있어야 한다.

▶ 소비자는 서비스나 제품에 다른 경로로 접근할 수 있다. 올바로 다루고 계획을 세운다면 이것이 브랜드에 부정적일 이유는 없다.

▶ 무인자동화서비스는 한 번 설치하고 잊는 게 아니다. 지속적으로 관리하고 검토해야 한다.

▶ 직원들이 직접 셀프서비스를 이용해볼 필요가 있다. 그렇지 않으면 무인자동화서비스 사용에 관해 고객과 구체적 대화를 나눌 수 없다.

▶ 셀프서비스 과정에서 강압적인 상향 판촉(업셀링) 행위는 브랜드를 죽인다. 적절한 부드러움이 열쇠다.

제9장

기술 변화와 장애인 고객

잘못만 안 하면 진정한 기회

장애를 가진 이들의 요구와 필요를 예측하여 제공하는 것에 진정한 기회가 있다. 뻔한 틈새시장 얘기가 아니다. 내 말의 의미는 이렇다. 장애인의 수는 전체 인구의 상당 부분을 차지하며, 그 규모는 계속 커지고 있다. 기업 입장에서도 마지못해 찡그리는 것보다 진정한 미소로 장애인 고객을 열심히 배려해야 할 만큼 충분히 말이다. 더 나아가 장애인 주변 인구까지 함께 흡수할 수 있다. 주변 인구는 더 많으며, 역시 증가하는 추세다. 장애인의 자녀와 부모, 배우자, 친척 혹은 장애인 문제에 관심을 갖는 이들이다. 그러니, 장애인 문제에 적극적으로 대처해도 별로 얻는 게 없다거나 돈을 아끼기 위해 안면 몰수해도 알아채지 못할 거라고 속단하지 말자.

턱도 없이 높은 턱: 장애인 고객을 위한 다양한 문제와 해결책

휠체어에 탄 장애인도 있지만 사실 우리 사회에는 그렇지 않은 장애인이 훨씬 더 많다(장애인 표식으로 휠체어 그림이 보편적으로 사용되는 현실이 이러한 오해를 불러일으킨다). 장애인의 범위는 넓다. 정도의 차이는 있지만 시각적으로 판단 가능한 장애부터, 만성 통증, 기민성 부족, 그리고 밖으로 잘 드러나지는 않지만 우리의 고객과 그들을 사랑하는 이들에게 영향을 미치는 많은 문제들을 포함한다.

장애인에게 첨단 기술은 양날의 칼이다. 언뜻 보기에 기술은 하늘의 선물 같을 수 있다. 자동차와 대중교통부터 (장애인용) 전자책을 비롯하여 의학의 발전 및 몸동작만으로 제어 가능한 각종 도우미 기구까지, 기술은 장애인의 삶을 크게 향상시킬 수 있는 능력을 제공한다. 하지만 장애인이 신기술을 어떻게 사용할 것인지 그 방법에 대한 고민 없이 기술만 발전할 때 다른 쪽 칼날이 밀려든다. 이 문제는 전자 상거래와 이동통신 기술이 놀라운 속도로 발전해온 과정에서 반복적으로 나타났다.

고객을 관리할 때 이 점에 유의해야 한다. 모든 고객이 IVR(대화형 음성 응답 자동 전화)을 사용할 수 있는 건 아니다. 청각 장애나 발성의 제약 때문에 사용할 수 없는 고객도 있다. 따라서 이들을 위한 대안을 제공해야 한다. 회사로서는 멋들어진 웹사이트 화면을 자랑스러워할 수 있겠지만, 이 역시 모두가 볼 수 있는 건 아니다. '스크린 리딩screen-reading'(모니터 화면의 글자를 음성으로 바꾸어 읽어주는 시각장애인 도우미 프로그램)의 도움을 받는 시각장애인 고객에게는 무용지물이다. 웹사이트를 디자인할 때 고객 접근성 문제를 면밀히 따져야 할 이유가 여기에 있다(웹디자이너에게 고객 접근성 문제를 제기했는데 "그게 뭐냐?"라거나 "그건 중요하지 않다"는 반응을 보인다면 그에게 전문가를 붙여주거나 아예 다른 사람을 알아볼 것을 권한다).

이동통신 기술은 특히 접근성 문제가 취약하다. 소형화를 지향하는 이 분야 고유의 성격 때문이기도 하지만, 변화가 너무 빠르기 때문이기도 하다. 어떤 환상적인 이동통신 기술이라도 접근성 문제는 피해가기 힘들다. 이러한 면에서 아이폰은 무척 고무적인 사례이다. 아이폰은 다양한 접근성 기술을 탑재하고 있다. 시력이 아주 나빠서 휴대폰 화면의 작은 글씨를 보기 힘든 소비자를 위해 화면 자판을 원래 크기보다 몇 배 더 확대할 수 있게 했다. 또, 청각 장애인을 위한 TTY 호환 프로그램(TTY는 TDD라고도 하는데, 청각이나 발성에 제약을 가진 사람이 자판을 이용해 전화 통화를 할 수 있도록 도와주는 시스템이다)을 내장한다. 이밖에도 여러 가지 뛰어난 접근성 개선 기능이 있는데, 특히 음성 인식 검색 서비스인 시리Siri를 빼놓을 수 없다(시리의 음성 인식 엔진을 개발한 뉘앙스Nuance와 이 회사가 인수한 브랜드 맥스피치MacSpeech는 현재 음성 인식 기술의 최전선을 달리고 있다. 나는 오랫동안 뉘앙스에 투자해왔다). 그리고 애플은 아이폰 소프트웨어를 만드는 제3의 개발사가 접근성 표준을 철저히 지키도록 해왔다. 그럼에도 불구하고 이처럼 놀라운 접근성 기술을 제공하는 도구가 거의 평면의 기기라는 사실에는 변함이 없다. 일반 전화기나 키패드가 제공했던 손에 쥐는 느낌이나 촉감이 거의 다 사라져 버렸기 때문에 특정한 육체적 제약을 가진 사람은 이를 다루기가 더 힘들거나 아예 다룰 수 없게 되어 버렸다. 장애인에게 기술의 진보는 아이폰과 같은 가장 긍정적인 접근성 개선 사례에서조차도 역설적으로 기술의 퇴보나 다름없는 반대의 결과를 가져다주었다.

넷플릭스는 전화를 통한 훌륭한 고객 상담 업무로 정평이 나 있다. 그러나 다른 한편으로는 이메일 문의 창구 자체를 없애버려서 청각장애인들의 원성을 샀다. 들을 수 없는 사람이 고객서비스나 기술 지원을 요청하기에 이메일보다 더 적합한 수단이 어디 있단 말인가. 그래서 지난 2007년 …… 청각장애인 공동체는 넷플릭스에 기존의 평범한 이메일 주소나 실시간 채팅 기능, 혹은 음성을 제외한 어떤 다른 접촉 방법을 요구하였다. 아래는 한 청각장애인 고객의 건의에 넷플릭스가 답변한 내용이다.

넷플릭스:　이번 주 초, 한 고객이 우리 블로그에 다음과 같은 의견을 남겼습니다.

고객:　넷플릭스 웹사이트는 말도 못하게 짜증납니다. 고객센터에 연락할 방법이 전화 말고는 전~혀~ 없더군요!!! 연락처 안내 어디에도 이메일 주소가 없어요. 아니나 다를까 온라인 '실시간 채팅'도 없더군요. 청각 장애를 가진 사람은 전화 통화를 할 수 없다는 사실을 생각이나 해봤나요?

넷플릭스:　소중한 조언 감사합니다. 오늘 고객서비스 부서로부터 고객님의 의견을 전달받았습니다. 그래서 오늘 넷플릭스 상담원의 TTY 시스템 교육을 실시하였습니다. …… TTY 서비스 전반의 성능 시험을 완료하였고, 문제없이 작동함을 확인했습니다. TTY 고객서비스 전화번호는 1-866-402-2619입니다.

시도는 좋았다. …… 하지만 저 번호로 전화를 걸었을 때(내가 걸어봤다) 기능은 작동하지 않았다.

여러분은 같은 실수를 반복하지 않길 바란다. 여기서 요점은, 전자상거래 사이트를 운영할 때 반드시 TTY나 다른 멋들어진 도우미 기술을 제공해야 한다는 의미가 아니다. 잘못된 커뮤니케이션 정책과 절차 때문에 장애를 가진 고객을 문전박대하지 않도록 유의해야 한다는 거다. 예를 들어, 넷플릭스처럼 이메일 지원 창구를 없애지 말아야 하며, 접근성 문제의 해결 없이는 웹사이트에 과도한 그래픽 요소도 사용하지 말아야 한다. 이를 비롯한 기타 무분별한 행동으로 말미암아 특정 장애층으로부터 철저히 외면받을 수 있다.

잘 알아두어야 할 또 다른 교훈이 있다. 넷플릭스는 이 점도 이해하지 못한 듯 보인다. 뭐냐 하면, 장애인에게 도움이 되는 기술과 과정은 우리에게도 유용한 경우가 많다는 사실이다. 예를 들면 웹사이트의 명확히 명시된 메뉴, 건물의 '보편 설계universal design'(성별, 연령, 국적, 문화적 배경, 장애의 유무 등에 상관없이 누구나 편리하게 사용할 수 있도록 한 디자인(손으로 돌려서 여는 문손잡이가 아니라 눌러서 여는 막대형 잠금 장치는 신체장애가 없는 사람도 사용이 편리하다. 양손 가득 짐을 든 상태에서도 문을 열 수 있다), 자막 기능 같은 것들 말이다. 넷플릭스는 초반에 자사의 동영상 스트리밍 서비스에 자막을 넣는 데 반대하다가 나중에는 시간을 질질 끌며 꽤나 시끌벅적한 싸움을 벌여왔다. 자막은 청력의 일부나 전부를 상실한 사람뿐 아니라 주변이 시끄러운 환경에 있는 정상인이나 복잡한 대화를 꼼꼼히 복기하려는 영화광에게도 유용하다. 모든 시청자에게 유리한 방향인 것이다. 하지만 넷플릭스는 근시안적인 태도로 문

화적 아이콘인 말리 매트린Marlee Matlin|언어와 청각 장애를 가진 여배우|까지 동원하여 여기에 반대하는 설득력 없는 싸움을 전개했다.

첨단 기술의 적, 스팸 메일과 해커를 막으려다가 장애인 고객도 함께 좌절시킬 수 있다. 이 경우에는 시각 장애인들이다. 웹사이트 설계에서 스팸 메일과 해커의 접근을 막기 위해 사용자가 회원으로 가입하거나 글을 남길 때 CAPTCHA[1] 코드를 입력하도록 요구하곤 한다. 하지만 음성으로 작동하는 대안 경로나 다른 비시각적 대체물을 제공하지 않는다면 시각장애인 고객에게도 문을 걸어 잠그는 꼴이 된다. 이는 비윤리적이며 나쁜 비즈니스다. 미국 재활법 제508조(Section 508)에 저촉될 여지도 있다. (1973년 제정된 미국 노동력 재활법의 수정 제508조는 미연방정부가 개발하고, 구입하고, 유지하고, 사용하는 모든 전자 및 정보 기술에 장애를 가진 국민도 접근할 수 있어야 한다는 내용을 담은 연방법이다. 이 법안은 더 나아가 '접근성'이란 장애가 없는 국민과 장애가 있는 국민 모두가 효과적으로 사용할 수 있게 하는 능력이라고 정의한다.) 마지막으로 하나 더 언급하자면, 현재 나와 있는 CAPTCHA의 음성 대안 장치 중 상당수가 사용이 말도 안 되게 까다롭다. (그중 하나를 스스로 시험해 보면 내 말 뜻을 알 것이다!) 그러므로 이를 선택하여 설치하는 일에도 역시 세심한 주의를 기울여야 할 것이다.

---

1 Completely Automated Public Test to tell Computers and Humans Apart: 접근자가 스팸 프로그램이 아니라 사람인지 확인하기 위한 테스트. 일반적으로 복잡한 패턴 위에 글자나 숫자를 보여주고 그대로 입력할 것을 요구한다. CAPTCHA의 공식 사이트는 www.captcha.net.

윈 리조트의 열려라 참깨

장애인을 위한 기술에 관한 약간의 희망적 전망으로 이번 장을 끝맺을까 한다. 윈 리조트Wynn Resort가 첨단 기술, 아니 그냥 기술을 사용해 장애인을 돕고 있는 사례이다. 6월의 어느 아름다운 날, 나는 접객업 종사자를 대상으로 한 강연을 위해 라스베가스를 방문했다. 그때 윈 리조트 정문에서 커다란 도자기 휴지통을 발견했다. 그 휴지통은 장애인 통로의 버튼 스위치를 막고 있을 법한 위치였다. 하지만 가까이서 살펴보니 장애인 통로에는 동작 감지 장치가 있는 듯했다. 안내판에도 '손을 흔들면 열립니다'라고 쓰여 있었다. 호기심이 발동한 나는 내가 서 있는 곳에서 손을 조금 흔들어보았다. 2.5미터 정도 떨어진 지점이었다. 기술은 마치 마법과 같이 작동했다. 안 움직일 게 뻔한 쓰레기통을 치우려고 애쓸 필요가 없었다. 투박하고 오래된 기계식 누름 버튼이 고장 나더라도 고민할 필요가 없었다(수동식 버튼은 가끔 고장이 나곤 한다). 휠체어에 탄 상태로 위태롭고 힘겹게 손을 뻗을 필요도 없었다.

이 부가된 기술적 배려가 장애인의 편의를 고려하는 창업자 스티브 윈의 마음 때문인지, 아니면 이 호텔 개발 팀의 생각이 전반적으로 앞서간다는 의미인지는 모르겠다. 하지만 어느 쪽이건 간에 나는 이렇게 말하고 싶다. 잘 하고 있다고. 사려 깊은 기술은 정말 도움이 된다.

요약

▶ 전체 인구에서 장애인이 차지하는 비율은 상당하며, 그 규모는 계속 커지고 있다. 장애인을 돌보고 책임지는 이들, 혹은 단순히 장애인 문제에 관심을 갖는 사람은 더 많다. 그들 모두가 기업의 고객이다. 그러므로 장애인과 그 주변 인구에 적극적으로 다가가는 것은 절대 밑지는 장사가 아니다. 반대로 장애인 문제에 안면 몰수한다면 사람들은 금방 알아챌 것이다.

▶ 장애인이 현재의 기술을 어떻게 사용할지에 대한 고려 없이 기술만 발전할 때 문제가 발생한다.

▶ 웹사이트를 디자인할 때 고객 접근성을 중요한 요소로 고려해야 한다. 모든 사람이 당신처럼 볼 수 없다는 사실을 기억하라. 청각 장애를 지닌 사람에게 IVR(대화형 음성 응답 자동 전화)과 같은 음성 기반 기술은 무용지물이라는 사실도 기억하라.

▶ 웹사이트 설계에서 스팸 메일과 해커의 접근을 막기 위해 사용자에게 CAPTCHA 코드 입력을 요구하도록 할 때가 있다. 이때 음성으로 작동하는 대안을 제공하지 않는다면 시각 장애를 가진 고객을 쫓아내는 셈이다.

▶ 장애인에게 도움이 되는 기술은 몸이 건강한 이들의 삶에도 유용한 경우가 많다.

제10장

고객의 짐을 든다

그리고 고객에게 짐을 지우지 않는다

고객의 짐을 자신의 짐으로 여겨야 한다. 그리고 고객의 짐이 더 불어나는 일(고객의 시간을 낭비하는 것, 부정확하고 불완전한 정보로 고객이 실수하게 하는 것, 형편 없이 고안된 체계로 고객의 인내력과 기억력을 시험하는 것)이 일어나지 않도록 애써야 한다. 이것이 기술에 기반한 현대적 예측 서비스의 핵심이다.

고객에게 짐을 지우는 가장 흔한 방법은 고객의 시간을 낭비하는 것이다. 가장 먼저 이 문제부터 해결해야 한다. 특히 불필요한 반복으로 쓸데없이 낭비되는 시간 말이다. 시시하게 들릴 수도 있겠지만, 이 문제를 풀려면 많은 열정과 창의력이 필요하다. 비즈니스는 '혼돈 제로지대'가 되어야 한다. 이것은 회사의 업무 절차를 개선함으로써 나아질 수 있다.

바보짓

고객과 성공적인 관계를 맺고 고객 충성도를 유지하고 싶다면 그들과 접점을 갖는 게 도움이 된다. 교류의 기회다. 하지만 이것이 미흡한 일처리 때문에 생긴 접점이어서는 안 된다. 고객이 궁금한 내용에 대한 답을 홈페이지나 모바일 앱에서 찾지 못해서 어쩔 수 없이 전화를 걸었거나, 제품이 계속해서 같은 고장을 일으켜 여러 번 전화를 했지만 그 내용이 기술팀에 전달되지 않아 또 다시 전화통을 붙잡고 있어서는 곤란하다. 고객에 대한 이러한 강요 아닌 강요를 나는 '바보짓'이라고 부른다. 빌 프라이스와 데이비드 제프도 그들의 저서에서 비슷하게 '멍청한 접촉'이라 일컫는다.[1]

회사는 고객의 전화에 대하여 두 개의 잣대를 가져야 한다. 일단, 전화를 반가워해야 한다. 고객의 전화는 정말로 기회다. 마케팅 부서는 단 한 번의 전화벨을 울리게 하기 위해 수십 달러, 가끔은 수백 달러의 비용을 써서 판촉을 한다. 그러니, 실제 고객의 전화란 정말로 가치 있는 무언가가 아닐 수 없다. 그러나 다른 한편으로는 고객이 전화를 걸고 싶어하지 않았을 수도 있다는 걸 깨달아야 한다. '바보짓'에 대한 강요가 빈번하면 고객은 결국 떠날 것이다.

그렇다면 고객의 전화를 논리적으로 따져서 분석할 필요가 있다. 왜 전화가 걸려왔는가? 고객의 자발적 선택인가, 아니면 미흡한 일처리 때문인가? 이 점에 있어서 자포스의 CEO인 토니 셰이의 설명에 나도 동의한다. 소비자는 온갖 백만 가지 이유로 회사에 전화를 건다. 밤이 늦었는데 좀 외

---

1 빌 프라이스, 데이비드 제프, 《베스트 서비스 노 서비스 : 서비스하지 않는 것이 최고의 서비스다》(호이테북스, 2014).

롭다. 인터넷에서 신발을 주문하려는데 회사의 누군가와 대화 한 마디 안 하고 한다는 게 좀 그렇다. 심지어는 자포스의 고객서비스가 정말로 그렇 게 대단한지 시험해보고 싶어서 전화를 걸기도 한다. 이것은 모두 고객이 선택한 정당한 이유다. 내가 우려하는 것은 회사가 고객에게 지운 짐 때문 에 걸려오는 전화다. 이는 고객을 떠나보내는 이유가 된다.

바보짓 제거

'바보짓'의 분석에는 능란한 솜씨가 요구된다. 대다수의 회사는 고객관계관 리Customer Relationship Management 프로그램의 오용으로 말미암아 고객 문의에 대 해 지나치게 많은 분류 코드를 두는 경향이 있다. 항목은 수천 개에 이르 기도 하는데 무의미한 일이다. (한편, 분류는 하지 않고 모든 고객의 문의를 '반품'이 나 '배송' 같은 항목으로 뭉뚱그려 던져 넣는 회사도 있다.) 아마존닷컴도 한때는 삼백 하고도 육십 개나 되는 선택 코드를 사용했었다. 하지만 아마존닷컴의 초 임 글로벌고객서비스 부사장인 빌 프라이스는 이것을 개혁했다고 말했다. 모든 기업이 되새겨야 할 교훈이다.

아마존에는 한때 고객 문의를 나누는 360개의 코드가 있었다. …… 이러한 코드는 추가되거나 삭제되는 일이 잦아서 상담원은 계속해서 교육을 받아야 했다. 심지어 '코드 사용 준수'를 위한 업무 매뉴얼이 있을 정도였다. 아마존 초 기의 코드 가운데 책임자가 있는 것은 극소수에 불과했다. 그리고 회사는 '이 주의 탑10 코드'를 선정하는 잘못을 저질렀다. 코드의 순위 변동은 거의 없었 다. 그러다보니 구조적으로 상위 10개 코드가 아닌 350가지 고객 문의 사유 는 무시되었다. 회사는 고객 문의 코드 체계를 조정하기로 결정했다. …… 그 결과 CRM 시스템에 직접 입력할 수 있는 서른 개 코드로 정리되었다. 각각의 코드는 MECE 방식에 의해 책임자가 정해졌다. (MECE는 경영 컨설팅 회사 매킨지가 사용하는 '상호 배타적, 집합 망라적Mutually Exclusive and Collectively Exhaustive'(서로 중복되지 않도록 배타적이면서, 전체를 모아놓았을 때 누락되는 것이 없어야 한다는 매킨지 컨설팅의 기본의 줄임말이다.) 여러 해가 지난 후에도 코드는 바뀌지 않았다.

몇 가지 고객 문의 사유는 고질적이다. 이런 문제를 풀기 위해서는 아마존닷컴과 같은 시스템 개선이 필요하다. 각 코드에는 반드시 사내 책임자가 할당되어야 하며, 책임자는 단 한 명이어야 한다. 일단 책임자를 정하면 고객 문의를 통해 드러나는 '바보짓'을 파악하여 개선 작업에 착수할 수 있다. '바보짓'의 원인을 제거하는 일에는 거래처와 기술팀 등 필요한 모두가 참여한다.

고객이 같은 문의를 반복해서 한다면(그리고 앞으로도 그럴 것 같다면) 그 의미를 알아낼 필요가 있다. 잘못된 직원 교육 탓인가, 아니면 기술적 이유인가? 어느 쪽이건 간에 시스템 문제로 귀결될 수 있다. 일단 이것을 문제로서 파악해야 한다.

상담원이 전화를 너무 빨리 끊어서 고객이 계속 전화를 거는 것일 수도 있다. 짧은 통화를 부추기는 잘못된 업무 매뉴얼 때문이다. 이것은 아주 흔한 잘못으로, 업무 개선 과정에서 가장 먼저 살펴봐야 할 것 중 하나다. 내 경험으로도 통화 당 시간을 제한하는 것은 전화가 계속 걸려오게 만드는 일등 요인 중 하나다. 고객의 문제를 해결할 충분한 시간을 갖지 못한 상담원은 쉽게 지친다. 진정으로 고객을 돕고 싶어 하는 직원에게 불완전한 해결책을 제공하며 전화를 빨리 끊을 수밖에 없도록 종용하면 '학습된 무기력learned haplessness'이 생겨난다. 이것은 심리학자 마틴 셀리그먼Martin Seligman이 이름 붙인 유명한 개념이다. 직원들이 무기력해지는 것은 위험하다. 앞서 제6장에서 살펴본 WETCO의 'O', 즉 낙관적 태도optimism와 완전히 철저히 배치되기 때문이다.

고객의 질문을 담아낸 코드는 올바로만 되짚으면 다양한 문제의 원인을 드러낼 수 있다. 고객의 질문은 "대출금 상환 일자가 언제죠?" 같은 단순하고 예상 가능한 것부터, 더 복잡한 문의와 가끔은 정말 독창적인 문제까지 다양하다. 회사는 이중에서 예상 가능한 질문을 줄여나가는 일을 할 수 있다. 아마존닷컴의 CEO인 제프 베조스처럼 고객을 위한 투자에 전념한다면 말이다. 베조스의 투자는 킨들 전자책 같은 거대한 도약에만 국한하지 않는다. 킨들은 출판계와 독서계를 바꾸어 놓았다. 그는 '바보짓'을 제거하기 위한 투자도 많이 한다. 아마존닷컴, 그리고 미국 최대의 인터넷 주식 중계 업체 슈워브닷컴Schwab.com, 이밖에 다른 많은 앞서가는 조직은 고객보다 앞선 투자를 자주 감행한다. '바보짓'의 원인을 캐내고, 주문 확인 메일을 미리 보내는 것 같은 창조적인 수단을 통해 '바보짓'을 제거함으로써 직원들은 예상치 않게 나타나는 더 복잡하고 일반적이지 않은 문제에 전념할 수 있다.

고객이 회사에 '바보짓'을 제거해달라고 요청하지 않는다고 해서 고객이 그것을 원치 않는다는 의미는 아니다. 아마존닷컴의 옛 시절이 기억난다. 아마존에 주문을 한 뒤에 주문이 잘 들어갔는지 확인하려면 전화를 걸어야만 했다(그렇다, 전화다). 그런데 어느 날부터인가 주문을 하면 매번 주문 확

의도적인 바보짓

우리 가족은 얼마 전에 집을 새로 샀다. 보일러는 잘 작동하는 것 같았다. 유명 회사의 제품이었다. 하지만 얼마 지나지 않아 그 명성은 우리에게 걸레나 다름없게 되어버렸다. 보일러가 고장 나서 1,600달러의 수리비가 들게 생겼다. 하지만 나는 괜찮다고 생각했다. 전에 살던 주인이 보일러의 보증기간 연장 비용을 이미 지불했기 때문이었다. 꼼꼼한 성격의 그는 주택 매매 계약을 마치면서 부동산을 통해 다른 서류와 함께 보일러 보증서를 우리에게 넘겼다. 내가 보증 수리 일정을 잡으려고 보일러를 설치한 회사에 전화를 걸자, 그곳 직원은 친절한 태도로 도움을 주려고 하였다. 하지만 돌아온 대답은 딱하게도 다음과 같았다.

시공사: "제이컵슨 씨 맞으시죠?"

마이카: "아뇨, 제이컵슨 씨 집을 산 사람입니다."

시공사: "그렇다면 일이 좀 복잡합니다. 먼저 제이컵슨 씨의 보증서를 고객님 이름으로 전환해야만 합니다. 보일러 제조사가 그걸 요구합니다. 비용은 25달러면 됩니다. 인터넷에서 전환 확인서를 내려받아 출력한 다음에 제이컵슨 씨와 양자 서명을 해서 우편으로 제조사 본사로 보내시면 한두 주일 후에 새로운 보증서를 받게 되실 겁니다."

마이카: "하지만 난 제이컵슨 씨를 본 적도 없는 데다 미국 반대편으로 이사 간 걸로 알고 있어요. 연락처도 모를뿐더러, 보일러가 지금 돌아가지 않는다고요!"

시공사: "저희도 안타깝지만 방법이 없네요."

보일러 제조사가 원하는 건 25달러의 보증 전환 비용이 아니었다. 그들의 목적은 보증서를 사용하지 못하게 하려는 것이었다. 1,600달러의 수리비를 받아내려고 말이다. 농담이 아니다. 보일러는 엄청나게 무거운 설비라 이사 갈 때 떼어가지 못한다. 무조건 두고 가야 한다. 그 의미는 제이컵슨 씨를 추적하기 위해 내가 걸어야 하는 전화들과, 또 그 후에 인증 전환 절차를 위하여 해야 할 온갖 잡무들인 메일이 오기 시작했다. 처음에는 주문하고 몇 분 있으면 오더니 이제는 말 그대로 눈 깜짝할 사이에 온다. 전화통을 붙들고 '바보짓'을 하고 싶지 않은 고객의 욕망을 예측한 베조스와 아마존닷컴은 매우 수익성 높은 사업의 개척자가 되었다.

고객에게 가장 먼저

고객의 시간 낭비를 막는 건 기본이다. 이제는 고객이 묻기도 전에 고객이 원하는 대답을 들려주어야 한다. 이를 위해서 통신 기술 및 자동화를 이용하는 기업 정책과 사고방식이 필요하다.

고객서비스의 다른 많은 부분처럼 여기에도 노련한 손길이 필요하다. 스팸 메일을 보내는 것처럼 서툴러선 안 된다. '고객에게 가장 먼저'라는 원칙을 적절하게 적용한다. 이것은 고객으로 하여금 자신이 기억되고 보살핌을 받는다는 느낌을 갖게 만드는 강력한 방법이다. 고객은 역설적이게도 방해받지 않는다는 느낌을 받고 편안해 진다. 왜냐하면 회사가 자신을 가장 먼저 배려할 것임을 믿기 때문이다.

- 항공기가 연착되거나 탑승구가 바뀌면 승객에게 알린다. 더 나쁜 일(결항)이 발생했을 때는 대체 항공편을 마련하고 탑승을 위한 새로운 사항을 알려준다. 승객이 해야 할 일은 아무것도 없어야 한다.

- 명절 전에 배송하기로 한 물건의 발송이 늦어진다면 고객과 연락한다.

- 고객이 기억해야만 하는 무언가를 대신 일깨워준다. 고객에게 유일무이한 회사가 되고 싶다면 기꺼이 고객의 짐을 대신 들어줄 줄도 알아야 한다. 예를 들어, 고객의 대출금 상환일이 닥쳤거나 혹은 새로운 약을 받을 날이 됐다면 고객이 묻지 않아도 이 사실을 통지해준다.

  내 신용카드 회사도 이러한 면에서 모범 사례다. 그들은 내 책임이어야 할 것을 내 어깨에서 덜어내 자신의 어깨에 올리는 것으로 나에게 점수를 땄다. 내 카드 대금 출금 일자를 늦지 않게 알려주는 것이다. 덕분에 신용카드 대금을 연체하는 일이 거의 없어졌고, 신용카드 회사를 바꾸려는 생각은 아예 사라졌다. 내 메일함에 들어오는 다음과 같은 간략한 자동 알림 메일 덕분이다.

알림: ○○신용카드 대금 결제일이 열흘 앞으로 다가왔습니다.
To: micah@micahsolomon.com
귀하의 대금 결제 시한이 10일 남았습니다.
출금 계좌 번호는 ******1111입니다.

회사의 예측 서비스를 받는 고객은 편안함을 느낀다. 어린 시절 집에서 부모의 보살핌을 받는 느낌과 흡사하다. 이것이 이상적인 고객서비스의 지향점이다. 다양한 고객서비스에 자동 기능을 추가함으로써 얻는 효과는 고객이 상담원과 손쉽게 접촉할 수 있을 때 훨씬 더 향상된다. 마케팅 부서는 현실의 고객 한 명 한 명에게 다가가기 위해서 피를 쏟는 노력을 한다는 사실을 기억하라. 이것은 과도한 비용 지출이 아니라 오히려 기회다. 그러니 고객이 원한다면 한 명의 사람으로서 함께 열심히 이야기해 주어라. 설령 자동 기능을 통해 고객과 접촉한 것이더라도 말이다.

고객에게 가장 먼저 닿는 법

다음과 같은 경우 고객에게 먼저 닿을 수 있는 기회가 있다.

1. **고객에 대해 고객보다 더 많이/더 자주 생각할 때.** 우편주문 약국을 운영하는 약사는 하루 종일 복잡한 약품을 다루며 일한다. 다발성 경화증과 여러 다른 만성 질환에 쓰이는 약물을 관리한다. 약값은 비싸다. 보험회사의 사전 승인도 받아야 한다. 약품은 보통 석 달 간격으로 고객에게 보내진다. 고객은 각각 나름의 삶을 가지고 있다. 석 달에 한 번 약을 재주문하는 일 말고도 신경 써야 할 다른 일들이 많다. 그러니 우편주문 약국은 약품 주문일을 미리 알려주고 고객의 잔무를 대신해주는 체계를 마련하면 좋을 것이다. 보험과 병원 서류가 최신 상태인지 확인하고, 고객의 입장에서 모든 일을 최대한 투명하게 처리한다. 그러면 고객이 절대로 등을 돌릴 수 없는 약국이 될 것이다.

2. **고객이 진행 상황을 궁금해 할 때.** 보험 처리 진행 상황, 재난 구조 현장 상황, 장거리 이사, 각종 행사 준비 등 고객이 시시각각 궁금해할 만한 소식을 전해주는 것은 고객에게 먼저 닿을 수 있는 중요한 기회다. '무소

식이 희소식'이란 말은 고객에게 가당치도 않다. 규칙적 업데이트가 사업 운영 방식이 되어야 한다.

3. **고객이 꼭 알아야 할 것을 고객보다 먼저 알았을 때.** 새로운 컴퓨터 바이러스에 대한 대처를 예로 들 수 있다. 고객이 필요로 하기 전에 백신을 제공한다면 많은 사고를 예방할 수 있다. 예술계에서도 사례를 찾아볼 수 있다. 발레 공연장으로 가는 도로가 근처에서 열리는 스포츠 경기로 인해 심하게 막히리라 예상된다면 고객이 정체 현장에 가서야 이 사실을 알게 해서는 안 된다. 물론, 그들은 환불이 불가능한 표를 샀다. 하지만 씁쓸한 뒷맛을 남기는 짜증나는 경험을 한다면 앞으로 다시는 표를 사지 않거나, 더 나아가 발레단이 오매불망 고대하는 후원 회원이 되려는 생각을 접을 것이다. 언젠가 내가 관람한 발레는 이와 다르게 무척 인상적이었다. 필라델피아 발레단의 티켓 판매 대행 서비스 업체는 정중하고 기민하게 내 핸드폰에 자동 알림 문자를 넣어 주었다. 토요일 공연에 늦지 않게 도착하려면 평소보다 적어도 45분의 시간 여유를 두고 출발해야 한다고 말이다. 또, 만일을 위해서 보냈다는 음성 안내와 이메일도 확인했다. 이메일 내용은 다음과 같았다.

토요일 정오 공연과 관련한 중요한 안내 사항입니다. 같은 날 국제보트축제와 미국 프로 자전거 경기가 개최될 예정입니다. 따라서 토요일 하루 종일 켈리 드라이브 도로가 부분적으로 통제되며, MLK 드라이브 도로는 완전히 폐쇄될 예정이오니 음악원에서 열리는 12시 공연에 충분한 여유 시간을 두고 출발하시길 바랍니다.

고객의 허락

고객의 허락을 구할 때 컴퓨터와 통신 기술을 활용하고 미리미리 대처하라. 고객을 돕는 게 목적인데 허락까지 받아야 한다니 억울한 마음이 없진 않을 것이다. 하지만 정신과 의사에 대한 오래된 농담(정신과 의사가 전구를 바꾸려면 몇 명이 필요할까? 한 명. 하지만 바뀌기를 바라는 전구만 바꿔준다)[1]처럼 한발 앞선 도움도 고객이 원해야 제공할 수 있다. 허락을 구해야 하는 이유는 다음과 같다.

- 고객과의 접촉에서 얼마나 정당성을 느끼든 상관없다. 법적으로 보면 고객과 접촉하기 위해서는 허락이 필요한 요소가 많다. 세부 사항은 사업 관계와 관할 행정·사법 구역에 따라서 달라진다.

- 법적인 허락은 구했다고 치자. 이제 남은 건 고객의 감정적 허락을 구하는 일이다. '허락 마케팅permission marketing'의 개념을 창안한 마케팅의 대가 세스 고딘은 이것을 다음과 같이 정의하였다.

허락 마케팅은 원하는 고객에게만 그들이 원하는 맞춤 메시지를 전달하는 (권리가 아니라) 방식이다. 소비자가 마케팅 수단을 손쉽게 무력화할 수 있는 상황에서 소비자의 관심을 얻는 최고의 방법은 고객을 존중하는 것이다.

여기서 핵심은 '관심'이다. 왜냐하면 고객이 관심을 갖는다는 것은 가치 있는 무언가를 준다는 의미이다. 마음을 바꾼 고객의 관심을 되돌릴 방법은 없

---

1 미국의 '전구 농담'이다. 전구를 바꿔 끼우는 데 몇 사람이 필요할까라는 질문을 다양한 주체에 대해 묻는다. "폴란드 사람이 전구를 바꾸려면 몇 명이 필요할까? 세 명. 한 명은 전구를 잡고 두 명은 사다리를 돌린다." "이란 사람이 전구를 바꾸려면 데 몇 명이 필요할까? 우리에게 먼저 상금을 주면 대답을 말해주겠소" 등.

정부 기관의 고객서비스

미국의 일부 정부 기관과 수도, 전기, 가스, 교통 회사 같은 공익사업체는 고객에게 먼저 접촉하는 것의 중요성을 잘 알고 있다. 민간 사업자들보다 오히려 나을 정도다. 필라델피아 지역의 전력 회사PECO를 살펴보자. 어느 날 우리 동네에 정전사고가 일어났다. 전깃줄 위로 나무가 쓰러진 것이다. 나는 PECO에 무료 전화를 걸어서 이 사실을 알렸다. 기억하기 쉬운 전화번호였다. 여기까지가 내가 한 일이다. 그 다음부터는 전력 회사의 예측 고객서비스가 가동됐다. 전력 회사는 자동 알림 서비스를 통해 이 사고가 접수되었다는 사실을 알렸고, 더 자세한 정보가 있는지 물었으며, 기술자가 출발할 때 다시 통보했고, 전기가 들어올 예정 시간을 알려 주었다. 우리 가족이 향후 대책을 세우는 데 꼭 필요한 정보였다.

이런 고객서비스는 토네이도 같은 심각한 재해 상황이 닥쳤을 때 더욱 중요하다. 미국 정부 기관들은 기상재해가 일어나면 정확한 경보를 발령하고 상황을 주도적으로 대처해왔다. 그래서 토네이도로 인한 피해는 인명보다 재산에 집중되어 왔다. 적어도 이론상으로는 그랬다. 그래서 2011년 5월 미주리 주 조플린에서 토네이도 때문에 끔찍한 인명 피해가 난 사건은 지금 우리에게 의문을 남길 수밖에 없다. 주거지와 상업 지역의 재산 손괴야 어쩔 수 없다손 치더라도, 위험 경보 체계가 잘 작동하지 않아서 사람들이 대피소로 피난하지 못했다는 점은 정말 충격적이다. 말도 안 되는 일이 벌어진 것이다. "무언가 그래야 마땅한 방향으로 기능하지 않았습니다." 오클라호마 노먼Norman 소재 미국재해기상연구소의 기상학자인 해럴드 브룩스의 말이다. 경보가 제 기능을 못한 이유에 대한 가설 중 하나는 폭풍이 하필 안 좋은 시간(몇 개 고등학교의 프롬 무도회 시간과 겹쳤다)에 불어온 탓도 있지만, 그동안의 너무 잦은 경보가 마치 스팸 메일 같은 효과를 냈기 때문이라는 것이다. 기상 경보가 발령되어도 매번 아무 피해도 입지 않자 사람들은 이것을 마치 양치기 소년의 거짓말처럼 무감각하게 받아들이기 시작했다.

고객과 관계할 때는 이처럼 정신적 마비에 의한 해이를 적극적으로 경계해야 한다. 삶과 죽음을 가르는 상황이든 아니든 마찬가지다. 기상 예보 기관 같은 경우에는 날씨 정보의 수요자 타겟팅을 강화하고, 또 양치기 소년 같은 행동을 지양함으로써 이 문제에 대응하고 한 단계 더 올라서려는 개선 노력을 하고 있다. 이 글을 쓰고 있는 지금 미국 기상청은 새로운 '지역 맞춤 기상 경보 체계Personal Localized Alerting Network'를 공개하려 한다. 휴대폰 통신망을 사용하는 서비스이기 때문에 위험 지역이라면 미국 어디에서도 휴대폰으로 구체적인 맞춤형 기상 경보 메시지를 받을 수 있다. "휴대폰 기지국 범위 내에서, 한 15킬로미터 정도 됩니다, 휴대폰이 터지는 사람은 누구나 메시지를 받을 수 있습니다." 노먼에 있는 미국 기상청 산하 재해기상연구소의 책임자인 존 페리의 말이다.

다. 관심은 놓쳐서는 안되는 귀중한 자산이다.

진정한 허락은 지레짐작으로 추측하는 게 아니다. 법적인 의미의 허락과도 다르다. 어쩌다 고객의 이메일 주소를 손에 넣었다고 해서 그것이 광고 메일을 보내도 좋다는 허락은 아니다. 고객이 불평하지 않는다고 해서 허락한 것은 아니라는 말이다. 고객이 개인정보보호정책에 동의했다고 해도 그것이 허락을 의미하지는 않는다.

하지만 만약에 당신이 사라졌을 때 고객이 무척 아쉬워하면서 찾는다면 그것은 진짜 허락이다.

일전에 나는 여성 뉴요커를 위한 라이프스타일 웹진 《데일리캔디》의 한 독자가 남긴 메모를 받았다. 그녀는 사흘이나 연달아 《데일리캔디》 뉴스레터가 오지 않아서 잔뜩 화가 나 있었다. 이것이 허락이다.[1]

하지만 마케팅 부서는 고객과 어떻게든 자주 접촉하고 싶어 할 테고, 따

---

1 Seth Godin, "Permission Marketing," 2008년 1월 31일, sethgodin.typepad.com/seths_blog/2008/01/permission-mark.html.

라서 그들과 업무상 충돌이 생길 여지가 있음을 밝혀둔다. 아마존닷컴은 내 주문이 완료될 때마다 이메일을 보낸다. 물건을 발송하고 나서도, 배송 지연이나 기타 문제가 생겨도 이메일을 보낸다. 훌륭하다. 하지만 이 말을 뒤집으면 내가 다량의 이메일을 받아야 한다는 얘기도 된다. 나는 아마존닷컴 단골이니까. 그래서 이 회사는 내가 원치 않는 마케팅 메일은 받지 않을 수 있는 선택 옵션을 제공한다. 선택 항목은 꽤나 길다.

악기 / 책 / 종합 안내 / 컴퓨터 소프트웨어 / 신발 / 사무실 용품 및 소모품 / 자동차 관련 / 육아 / 미용 / 식료품 / 건강 및 위생 용품 / 가정, 정원, 애완동물 / 스포츠, 아웃도어 / 공구 및 집수리 용품 / 산업, 과학 / 보석 / 잡지 구독 / 음악 / 장난감과 게임 / 비디오게임 / 컴퓨터와 컴퓨터 주변기기 / MP3 다운로드 / 킨들 전자책 / VOD 서비스 / 영화와 TV / 전자제품 / 시계 / 아마존 협력사 / 의류, 잡화 / 아마존 제휴사[1]

각 항목에는 체크박스가 있다. 선택을 하면 메일이 오고, 선택을 풀면 메일이 오지 않는다. 주문 관련 사항이 아닌 불필요한 홍보 메일로부터 나를 보호하는 편리한 비상구인 셈이다.

나에게 이메일을 보내지 마세요. (주문 관련 메일을 제외한) 아마존닷컴의 모든 안내를 받고 싶지 않다면 여기에 체크해 주세요.
참고: 일부 안내 메일의 수신을 거부하셨더라도 고객님의 주문 내역과 같은 업무 관련 이메일은 계속 발송됩니다.

---

1 아마존닷컴 계정 관리 메뉴의 한 페이지에서 인용.

다른 회사의 마케팅 부서는 아마존닷컴보다 자사 고객에 대해 자신감이 없을 수 있다. 그들은 고객이 어쩌다보니 넘겨준 이메일이나 전화번호를 차별성 없는 마케팅에 사용할 것이다. 더불어, 회사의 업무 체계도 아마존닷컴처럼 고객이 하나의 업무 과정(마케팅)에서 벗어나도 나머지 과정(주문)에서는 그러지 않을 수 있도록 설정하는 게 불가능할 수 있다. 그렇다면 이것은 지금 당장 고쳐야할 문제다. 왜냐하면 고객은 허락을 무르는 데 신속하며, 예측 서비스를 위해서는 허락을 꼭 받아야 하기 때문이다.

● 회사는 고객이 원하는 접근 방식을 구체적으로 알고 여기에 대한 허락을 받을 필요가 있다. 전화를 생각해보자. 대다수의 소비자는 연락처 항목에 휴대폰 번호 하나만 적어 넣는다. 하지만 조심해야 한다. 고객의 허락을 받지 않으면 이 전화번호로 전화를 걸었다가 낭패를 보아도 할 말이 없으니까. 선구적인 소셜미디어 전문가이자 작가인 피터 샹크만은 이렇게 말한다. "고객의 연락처 정보를 알고 있다고 해서 그걸 사용할 권리가 있다는 건 아닙니다. (내 휴대폰으로 전화를 걸어서 무언가 팔려고 한다면 당신을 박살낼 거요.)"[1]

다른 한편으로, 휴대폰 문자나 통화를 통해 고객에게 필요한 정보를 전달하는 행위는 잘 받아들여지기도 한다. 이런 차이는 고객의 허락을 받았느냐에 달려 있다. 프라이스와 재퍼는 두 민영건강보험사의 사례를 든다. 이 두 회사는 모두 등록 절차의 일부로서 고객의 전화번호를 묻는

---

1 Peter Shankman, 《Customer Service: New Rules for a Social Media World》(Que, 2011).

다. 첫째 보험사 A는 일방적으로 고객의 전화번호를 묻고 나중에 필요할 때 전화를 건다. 둘째 보험사 B는 고객에게 선택 옵션을 주어서 전화에 대한 허락을 구하고 원하는 통화 시간을 묻는다.

보험사 A의 전화에 고객은 반감을 가지고 응수한다. "이메일 보냈는데 왜 전화하는 거요?" 고객의 심기를 건드리고 싶지 않은 상담원은 재빨리 전화를 끊는다. 반대로 보험사 B는 허락을 해준 고객에게만 전화를 건다(대부분의 계약 고객은 허락한다). 이들은 전화 서비스를 반기며 오히려 전화를 기다리기도 한다.

자유로운 형식 변형

고객의 휴대폰으로 전화를 걸지 말지, 문자를 보낼지 말지 결정하는 것은 차라리 쉬운 선택이다. 기술적으로 더 복잡한 것들도 있다. 예를 들자면, 고객이 구체적으로 어떻게 메시지를 받고 싶어 하는지 밝혀내는 일이다. HTML? 표준 모바일 포맷(안드로이드 호환 폰이나 아이폰 같은 스마트폰에서 잘 작동하는 가벼운 버전)? 아니면 텍스트 형식? 텍스트 형식은 구식 휴대폰 사용자에게 편리하며, 또 시각장애인들에게 중요하다.

라스베이거스의 플래티넘 호텔은 이 문제를 꽤 잘 다룬다. 호텔은 손님의 도착에 앞서 자동 안내 메시지를 내보낸다. 자세한 예약 정보와 손님의 선택 사항이 맞는지 확인하기 위해서다. 알림 메시지 꼭대기에는 보기 형식을 간단히 전환할 수 있는 버튼이 있다(보기: HTML-모바일-텍스트). 손님은 이 버튼을 클릭해 메시지를 원하는 형식으로 바꿀 수 있다. 처음에 어떤 형식을 지정했든 상관없이 말이다.

플래티넘 호텔처럼 이러한 형식 변환 기능을 전면에 내세워 고객에게 제
공할 것을 권한다. 고객의 마음은 갈대와 같기 때문이다. 이것 역시 예측해
야 한다.

요약

▶ 고객의 시간 낭비는 회사가 고객에게 짐을 지우는 대표적인 방법이다.

▶ 미흡한 일처리 때문에 고객과 닿는 접점이 생겨서는 안 된다. '바보짓'을 반복한다면 고객은 떠나고 만다.

▶ 잘못된 업무 매뉴얼은 고객과의 교류에 큰 해악을 끼친다. 특히 상담원에게 통화 당 시간을 제한하는 것은 고객이 계속 전화를 걸 수밖에 없도록 만드는 주요 원인이다.

▶ 고객이 설령 '바보짓' 제거를 요청하지 않더라도 고객은 그걸 바랄 것이다. 아마존닷컴과 슈워브닷컴 같은 앞서가는 조직은 고객보다 앞선 투자를 감행한다. '바보짓'의 원인을 추적하고 '자동화 확인 절차' 같은 창조적인 방법을 통해 대부분의 문제를 제거한다. 그럼으로써 직원들은 예상치 않게 나타나는 더 복잡하고 일반적이지 않은 문제에 전념할 수 있다.

▶ '고객에게 가장 먼저' 원칙이 올바로 적용되면 고객은 자신이 기억되고 보살핌을 받는다는 느낌을 받는다. 고객은 역설적이게도 방해받지 않는다는 느낌을 받고 편안해 진다. 왜냐하면 회사가 자신을 가장 먼저 배려할 것임을 믿기 때문이다.

▶ 회사가 보내는 자동 알림 메시지에는 고객이 원할 때 상담원과 접촉할 수 있는 장치가 마련되어 있어야 한다.

▶ 고객의 허락을 구함에 있어 컴퓨터와 통신 기술을 활용하고 미리미리 대처하라. 법적인 이유도 있지만 효율성 측면 때문이다. 세스 고딘이 말한 '허락'의 의미를 따르고 있는지 점검한다. "허락 마케팅은 (권리가 아니라) 특권이다. 실제로 원하는 이들에게 개인 맞춤형 예측 서비스의 유의미한 메시지를 전달한다."

▶ 고객은 변덕이 심하다. 고객의 허락을 유지하는 것은 당신이 지향하는 예측 서비스에 큰 도움이 된다.

소셜미디어

새로 열린 세상에 대한 공포와 희망

그 질문은 어김없고 변함없다. 내 강연이 끝날 때마다, 새로운 컨설팅 고객을 만날 때마다, 그리고 비행기 옆자리 승객이 내 직업을 알고 나면 언제나 듣게 되는 질문이다. 바로 이거다. "소셜미디어는 어떻게 해야 하나요?"

먼저, 이 말 아래 감추어진 진짜 의미를 밝혀보자. 나는 사람들이 실제로는 이런 질문을 하는 거라고 믿는다.

"마이카 씨, 내 브랜드, 내 회사에게 저 바깥의 소셜미디어 세계는 위험하지 않습니까? 내 회사가 거기에서 살아남을 수 있을까요? 봇물 터진 소셜미디어의 홍수에서요? 심술궂은 열네 살짜리가 내 브랜드의 명성에 먹칠을 할 수 있는 곳에 희망이 있을까요? 악질 고객과 불량 고객이 마이크를 잡고 횡설수설할 수 있는 그곳에서요?”

맞다. 바깥의 그곳은 위험하다. 소셜미디어는 기업의 평판과 수익에 영향을 미칠 수 있다. 하지만 구더기 무서워서 장 못 담그랴. 소셜미디어 도사가 된다고 해서 끝내주는 고객서비스를, 아니 그냥 좋은 고객서비스라도 제공할 수 있는 건 아니다. 고객의 호응을 이끌어 내는 건실한 고객서비스는 미디어가 아니라 고객과 함께 시작한다.

더 나아가서, 최근의 의사소통 및 연결성 혁명은 비단 소셜미디어에만 국한하지 않는다는 사실을 기억하는 게 중요하다. 그 범위는 모바일 기술, 대세가 된 전자상거래, 제조 분야에서의 공정 개선, 무인자동화 서비스의 발전 등까지 폭넓다. 지금이야 온통 소셜커머스로 시끌벅적하지만 소셜커머스가 하나의 의사소통 방식으로서 굳건히 자리매김한 다음인 몇 년 후에는 또 어떤 현상이 화제가 될지 모른다.

어쨌든 지금 당장은 그곳에 위험이 도사리고 있다. 하지만 지피지기면 백전백승이라 하였다. 정신 바짝 차리고 한번 맞서보자.

140자의 세계

프레시에어_{Fresh Air}^{|미국의 공영 라디오 방송 NPR의 토크쇼|}의 진행자 테리 그로스가 트위터의 공동설립자 비즈 스톤에게 물었다. 본인의 창조물이 중동의 독재 권력을 무너뜨리는 데 쓰일 걸 상상이나 했느냐고. 비즈는 악마의 목소리를 익살맞게 흉내 내며 응수하였다.

“그럼요, 물론이죠. 다 계획에 있던 일입니다.”[1]

---

1 National Public Radio, “Fresh Air with Terry Gross,” 2011년 2월 16일 방송.

농담이 농담으로 들리지 않는 현실이다. 트위터와 다른 소셜미디어 도구는 분명히 비즈니스 세계의 체제를 개편할 힘을 가지고 있다. 그것을 경험한 유명 기업의 이름만 열거해도 이번 장을 다 채울 수 있을 것이다.

그들은 당신 얘기를 한다

그런데 남 걱정할 때가 아니다. 생활에서 흔히 접하는 유명 브랜드뿐만 아니라 여러분의 사업장에도 닥치는 일이다. 사람들이 온라인에서 자신의 회사에 대한 부정적인 말들을 쏟아낸다는 사실을 처음 알면 긴장되고 걱정된다. 다음은 온라인 리뷰 사이트 옐프에 올라온 불만 글을 약간 수정한 것이다.

> 이 레스토랑의 여종업원은 "카르페디엠carpe diem"을 발음하지도 못합니다. 문제는 가게 이름이 '카르페디엠'이라는 거죠. 그런데 진짜 문제는 그녀가 무식하다는 게 아니라 손님을 계속 기다리게 하고, 주문을 강요한 음료를 가져오다 엎지르고, 눈도 마주치지 않고, "어서 오세요"라고 말하는 대신에 "아, 예"라고 한다는 겁니다.
> 네, 제가 다 당했습니다.
> 그러니 이런 얘기를 하는 겁니다.

이런. 세상이 바뀌었다. 약간의 심술궂음과 소비자 불만 사항, 그리고 유용한 방문 후기가 뒤섞인 소셜미디어 덕분에 소비자와 비즈니스 사이에 존재하는 힘의 균형이 바뀌었다. 적절한 대응 시간도 바뀌었다.

그리고 글로만 끝나지도 않는다. 사진이 덧붙는 일도 많다. 앞서 언급한 레스토랑인 카르페디엠에서 두 식탁 사이의 틈을 여종업원이 깜빡 잊고 닦지 않았다고 가정해보자. 그 적나라한 모습이 널리 퍼질 거다. 이것을 원하는 사장은 없겠지만.

이제 좀 감이 잡히는가? 몰래카메라가 생각나는가? 그런 게 생긴 거다. 사회적으로 매장 당할 수 있다.

남대문 열린 얘기는 트위터에 쓰지 않는다

소셜미디어에 대처하는 첫 번째 비밀은 이렇다. '나쁜' 내용은 설령 겉보기에 부정적일지라도 실제로 나쁜 경우는 별로 없다는 사실을 깨닫는 거다. 왜냐하면 소셜미디어를 통해 계속 샘솟는 고객 반응은 실상 소중한 고객의 의견이기 때문이다. 24시간 실시간으로 올라오는 객관적 사실과 주관적 의견은 모두 고객서비스 향상에 요긴하게 쓰일 수 있다. 안타까운 점은, 그 소식을 당신과 더불어 전 세계도 실시간으로 받아 본다는 거다. 내 아이들의 표현을 빌자면 '대략 난감'이다. 그러니 더 빠르게! 귀를 세우고, 나머지 세상이 소식을 알게 되는 동안에 잘못을 고쳐야 한다.

소셜미디어에 대처하는 두 번째 비밀을 밝혀보자. 가혹한 고객 반응이 꼭 공개된 매체를 통해서 나오지 않아도 되도록 다른 분출구를 만들어 두라는 거다. 소비자가 불만 사항이 있을 때 광장에서 떠들기보다 당신에게 직접 조리 있게 얘기해주는 편이 더 좋다는 건 두말하면 잔소리다. 그러니 고객이 가능한 한 직접 연락할 수 있도록 확실한 통로를 마련해둔다. 광장에서 목소리를 높일 필요성을 줄여주는 것이다. 이렇게 생각해보자. 만일 친구의 아랫도리에 남대문이 열린 걸 본다면 그걸 트위터에 쓸까? 아니다.

그냥 조용히 일러줄 것이다(아무도 말해주지 않는다면 그건 당신에게 친구가 없다는 얘기다). 비즈니스에도 같은 원칙이 적용될 수 있다. 고객이 이메일이나 전화로, 혹은 홈페이지에 글을 남겨서 불만 사항을 전달할 수 있고, 또 그럴 경우에 대답이 즉각! 온다는 걸 안다면 구태여 트위터나 블로그를 통해 간접적으로 문제를 드러낼 필요는 덜해질 것이다. (델타 항공이나 사우스웨스트 항공처럼 회사가 트위터를 지켜본다는 걸 알고 한발 앞서 트위터에 불만 사항을 올리는 고객도 있다. 꾸준히 트위터를 확인한다면 고객 불만에 즉각 반응하여 대응할 수 있고, 그러면 고객도 기쁜 마음으로 다시 글을 올릴 테니까 크게 걱정할 건 아니다.) 정말로 걱정할 건 고객의 분노와 짜증과 우려와 긴장이 곪아 터지는 상황이다.

고객은 24시간 언제라도 광장에서 말할 준비가 되어 있다. 그들이 무언가 말하고 싶다는 생각이 들 때 가장 먼저 당신에게 닿도록 하라. 밤이건 낮이건 말이다. '딩동 벨'을 곳곳에 설치한다. 대형 보일러 여기저기에 비상시 증기를 뺄 수 있는 밸브를 두는 것과 같다. (아마존닷컴 같은 온라인 종합쇼핑몰은 방대한 품목을 다룬다. 대부분의 상품 공급은 외부 업체에 의존한다. 이런 경우라면 열린 대화에 민감성을 잃기 쉽다. 고객은 브랜드 전체를 도매금으로 매도할 수 있다. 하지만 대부분의 회사는 분명히 아마존닷컴이 아니다. 여기에 관해서는 13장에서 더 다루겠다.)

앞서 제2장에서 고객 만족을 위한 공식을 살펴보았다. 비결은 '완벽한 제품'을 '세심하고 친절하게 전달'하는 것으로 시작한다. 대중의 부정적 반응을 피하는 핵심 방법은 이 일을 확실히 똑바로 하는 것이다. 그렇게 하면 가끔의 잘못은 정말 실수로 여겨진다. 피할 수 없는 천재지변 같은 것, 심지어는 절대 그럴 리 없는 일로서 받아들여진다.

그래도 몇 명은 글을 쓸 것이다. 여기서 소셜미디어에 대처하는 세 번째 비밀이 드러난다. 고객의 의견에 관심을 갖고 공감하며 일관된 태도로 빠르게 대응하는 전략을 개발할 필요가 있다. 그 자세한 내용은 다음 장(제12장)에서 다루겠다.

소셜미디어는 전염병이 아니다

소셜미디어는 새로 생긴 열대 전염병이 아니다. 치료약이 없는 것도 아니다. 현실은 이렇다. 소셜미디어가 기업에 가장 치명적인 경우는 조직의 구조와 문화가 일대일 서비스에서 멀어지고, 긴급한 문제에 실시간으로 융통성 있게 대응하지 못할 때다. 직원을 업무 매뉴얼 앞에 무력하고 맹종하게 만드는 하향식 결정은 소셜미디어 세계에선 기업을 죽이는 독약이나 다름없다. 직원이 (기계적 태도를 버리고) 실제 사람 대 사람으로서 고객을 대하도록 독려할 필요가 있다.

트위터에서 먹힐 만한 이야기

트위터에서 완전히 먹힐 만한 이야기가 있다. 여기서 이 이야기를 꺼내는 이유는 직원에게 선택권을 주고, 올바른 직원을 고용하고, 친고객의 조직 문화를 세우는 것이 과거 어느 때보다도 중요해진 작금의 현실을 이해시키기 위해서이다. 트위터는 고객 불만의 해방구가 되었다. 직원에게 자율성과 재량권을 주지 못하는 회사, 직원이 재빨리 고객 편에 서도록 하는 기업 문화가 부족한 회사는 소셜커머스 세계에서 커다란 위험에 직면한다.

　나는 열네 달쯤 전에 전자책 단말기를 구입하였다. 시장에 나온 다양한 제품 가운데 하나를 골랐다. 그런데 보증기간을 두세 달 넘긴 어느 날 아침에 갑자기 고장이 났다. 기계를 잘못 다뤘거나 어떤 외부적 충격이 가해진 일은 내가 아는 한 없었다. 단말기 화면은 마치 고장 난 장난감처럼 보였다. 더 정확히 말하자면 누군가 화면 전체에 가늘고 굵은 줄을 위아래로 좍좍 그어 놓은 것 같았다. 단 한 글자도 읽을 수 없었다. 나는 바로 제조사에 연락해 상황을 설명하였다. 조속한 조치를 예상하였다. 이렇게 명백한 문제를 만천하에 드러내고 싶은 회사는 없을 테니까.

자, 그런데 이제부터 흥미진진해진다.

제조사의 답변이 왔다. 상담원은 주문 번호와 구매 일자와 단말기의 일련번호를 요구하였다.

흠.

어쩔 수 없이 나는 오래된 서류철을 뒤져 주문번호를 찾아냈다. 단말기 뒷면에 깨알만 하게 박힌 일련번호도 베껴 적었다. 그러는 내내 나는 이것이 단지 형식적 절차에 불과하며, 상담원은 이를 통해 내가 산 제품이 신품인지 아니면 '리퍼브 제품refurbished product'고객 반품이나 고장 제품을 수리하여 가격은 싸지만 품질은 신품과 똑같은 상태를 보증하는 제품. 대표적으로 애플이 사용하는 방식이다인지를 가려낼 뿐이라고 생각했다.

닷새 후에 두 줄짜리 답변이 왔다. 원한다면 고장 난 단말기를 반납할 수는 있으나, 189달러에 배송료를 더 내야 교환품을 보내주겠다고 했다. ('배송료'는 좌절한 나를 두 번 죽이는 비수였다.)

고객으로서 나의 가치는 개나 줘버린 건가? 단말기 안에 들어 있던 수십 권의 전자책 구입 비용은 누가 보상할 건가?

지금까지 이 회사의 다양한 제품을 구입한 내 구매 기록은 존재하지 않는 건가? 아니면 일등 고객임을 알고도 콧방귀를 뀌는 건가? 고객서비스 담당자에게는 어떤 말도 먹히지 않았다. 그녀는 단지 회사 규정만을 앵무새처럼 읊어댈 뿐이었다. 담벼락에 대고 말을 하고, 쇠귀에 경을 읽는 기분이었다. 그녀의 답변 중 걸작은 이거였다.

"죄송하지만 어쩔 수 없습니다. 만약에 고객님께 그렇게 하면 다른 모든 고객에게도 똑같이 해줘야 합니다."

좋다. 이 회사에 189달러를 보태주는 일은 없을 거다. (아니, 189달러에 배송비 추가로 정정한다.) 화면에 줄이 쫙쫙 간 이 제품을 교환하지 않고 끼고 있는 대신에 나는 이걸 내 고객서비스 강의에 즐겨 사용하련다. 고객서비스가 얼마나 형편없이 망가질 수 있는지 생생하게 보여주는 증거물로 말이다.

이러한 일을 당하고 나서 그 얘기를 140자 이내로 풀어내는 건 일도 아니다. 황당한 사진을 첨부하면 금상첨화다. 충격적 사진에 분노와 비애가 덧붙여진 이야기는 언제라도 마른 벌판에 들불처럼 번져나갈 수 있다.

그러니 지금 읽는 이 책에 담긴 원리를 배워라. 그러면 '소셜'한 고객들이 '보냄' 단추를 누르고 싶어 근질근질해 하는 손가락을 덜 두려워하게 될 것이다. 만약에 배우지 못한다면 부디 고객의 자비를 바라는 수밖에.

요약

▶ 소비자와 비즈니스 사이에 존재하는 힘의 균형이 바뀌었다. 적절한 대응 시간도 바뀌었다.

▶ 소셜미디어에 대처하는 첫 번째 비밀은, 비록 나쁜 내용일지라도 100퍼센트 나쁘지는 않다는 사실을 깨닫는 것이다. 왜냐하면 그것은 고객서비스 향상에 도움이 되는 고객의 소중한 의견이기 때문이다.

▶ 소셜미디어에 대처하는 두 번째 비밀은, 고객이 광장에서 목소리를 높일 필요성을 줄여주는 것이다. 이것은 고객이 언제라도 당신과 연락할 수 있는 확실한 통로를 마련해 줌으로써 가능하다. 고객은 이메일이나 전화로, 혹은 홈페이지에 글을 남기는 등 가급적 직접적인 경로로 불만 사항을 전달할 수 있다.

▶ 소셜미디어에 대처하는 세 번째 비밀은, 고객의 의견에 관심을 갖고 공감하며 일관된 태도로 빠르게 대응하는 전략을 연구하는 것이다. 자세한 내용은 다음 장에서 다룬다.

▶ 소셜미디어가 기업에 가장 치명적인 경우는 조직의 구조와 문화가 일대일 서비스에서 멀어지고, 긴급한 문제에 실시간으로 융통성 있게 대응하지 못할 때다.

제12장

소셜서비스

소셜미디어 고객서비스의 원칙

동전에는 양면이 있다는 사실을 강조하며 이번 장을 시작할까 한다. 소셜미디어 고객서비스 업무는 기술에 정통한 사람의 지원을 받아야 한다. 중요한 대목이다. 지금은 여러모로 혁명적 시대이다. 기술적인 지식의 중요성과 적용의 가치를 무시할 수 없다. 소셜미디어 팀은 반드시 '기술 마법사'의 협력과 참여를 바탕으로 그들과 함께 움직여야 한다. 그러나 다른 한편으로 실제 업무의 운전대를 잡고 고객을 대하는 주체는 매일 고객서비스 실무를 담당하고 고객과의 소통을 책임진 직원이어야 한다.

기술에 능통한 사람은 모두 대인관계와 의사소통이 형편없다고 말하는 것이 아니다. 반드시 그렇지는 않다. 다만, 기술에 밝은 사람은 대체로 고객

지원 업무에 능숙하지 못한 경향이 높다. 그럼에도 불구하고 내가 함께 일을 해본 많은 회사는 이러한 사람을 당연하다는 듯이 소셜미디어 팀의 책임자로 앉히곤 했다.

고객서비스 전문가도 소셜미디어의 새로운 원칙을 알 필요가 있다. 수년, 수십 년에 걸친 고객서비스 노하우를 이번 장에서 간단한 원칙으로 새롭게 정리해 보겠다. 물론, 이 둘이 찰떡궁합을 이루기까지는 부단한 노력과 긴 시간이 필요할 것이다.

제1원칙: 발 빠른 대처만이 살길이다

"대-형-사-고"라고 말해보자. 공식은 이렇다.

작은 잘못 + 늦장 대처 = 대형사고

소셜미디어 세계에서 문제의 강도는 시간에 비례해 기하급수적으로 커진다. 처음에는 작았던 문제가 온라인 사회에서 재빨리 호응을 얻어서 눈덩이처럼 커지는 일을 막아야 한다. 늦장 대처는 호미로 막을 것을 가래로도 못 막는 사태를 불러온다. 문제 자체보다 시간 지연이 더 큰 문제이다. 단 하루만 늦어도 수습이 불가능할 수 있다.

제2원칙: 고객과의 언쟁은 절대로 이길 수 없다

오래도록 변하지 않는 격언이 있다. 고객과의 언쟁은 절대로 이길 수 없다는 것. 지면 그냥 지는 거고, 이기면 고객을 잃으니까 지는 거다. 온라인에서 이 법칙은 몇 배로 더 강해진다. 언쟁을 목격한 다른 고객도 함께 잃게 되기 때문이다. 그러니 결혼의 의무|남편과의 섹스를 견디기 위하여 "등을 대

고 누워서 영국을 생각하라"는 조언[영국의 미래를 위해서 자녀를 낳아야 한다는 뜻]을 들었던 영국 빅토리아 시대의 여성들처럼 등을 대고 누워서 회사의 미래를 생각할 수 있어야 한다. (소셜미디어와 관련한 의무를 수행하려면 등을 대고 누워서 회사를 생각할 일이 참 많다.)

'소셜미디어 랜드'의 화장실에서 당신을 욕하는 이들을 나는 '클릭 애송이'라고 부른다. 그들은 즉흥적으로 그런다. 계획한 일이 아니다. 이 사실을 기억하는 게 소셜미디어 대응 과정에서 심리적으로 위안이 될지 모르겠다. 그들은 전문성을 가지고 당신을 욕하는 게 아니다. 그냥 불만에 차서 앞뒤 생각 안 하고 투덜대는 것 뿐이다. 온라인에서 당신을 공개적으로 맹비난한 다음에 전혀 다른 일에 빠져드는 경우도 잦다. 앞선 일은 잊고, 또 그것이 상대에게 어떤 영향을 끼칠지는 생각하지 않고 새로운 140자 낙서를 쓴다. 이 점을 염두에 두고 스스로 마음을 추스르기 바란다.

제3원칙: 온라인 불량고객은 직접 접촉한다

좋다. 당신은 이제 등을 대고 누워서 오롯이 회사만을 생각한다. 혈압이 오르는 것을 잘 참아냈다. 분별 있고 긍정적인 태도로 대응할 수 있다. 제3원칙은 솜씨 있는 대처가 요구된다. 하나씩 단계별로 알아보자. 누군가 분노에 차서 다음과 같이 당신 회사를 비난하는 트윗을 썼다고 가정하자.

> ○○회사는 모든 손님에게 따블로 돈을 청구한다. 우리를 호구로 보는 게 틀림없다. #망해라.

여기에 어찌 대응해야 할까? 만일 이 '진상' 고객이 트위터에서 당신을 팔로follow한다면 그에게 직접 메시지를 보낼 수 있으니 그렇게 한다. 직통 이메일과 전화번호도 적는다. 하지만 만약에 그가 팔로워follower가 아니라면 다른 접촉 방법을 고민해야 한다. 트위터에서 공개적으로 응답하는 건 어떨까? 연락 받기를 원하는 이메일 주소를 올려놓고 유감과 우려를 표명하는 것이다. (블로그나 트립애드바이저, 페이스북 같은 곳에서도 비슷한 식으로 응답할 수 있다. 다만, 각 매체 나름의 의견 게시 방식을 따라야 한다.)

불만 고객이 화가 많이 난 경우라면 (앞서 제11장에서 언급한 것처럼) 공개적 공간에서의 토론은 피하고 일대일의 상황을 만드는 편이 바람직하다. 그러면 구경꾼 없이 상대와 직접 대화할 수 있다. 구경꾼들은 대화 하나하나에 괜한 참견을 하거나, 더 나쁘게는 전체 상황에 대한 이해 없이 이런저런 트집을 잡곤 한다. 오프라인 매장에서도 성난 고객과는 사무실 같은 장소에서 따로 이야기를 한다. 이러한 개별적 분쟁 해결 방식은 함께 고민해서 해결책을 찾을 수 있는 기회를 양쪽 모두에게 제공한다.

그러나 주의할 점도 있다. 회사가 고객을 마치 '온라인 스토킹'하는 것처럼 보이고 싶지는 않을 것이다. 상식적 수준의 접촉을 시도한 후에는 공을 상대에게 넘겨 놓는다. 연락을 해오면 회사가 고객의 편임을 분명히 설명한다. 백전백패의 접근법은 자신이 옳고 상대가 그르다는 수많은 증거를 들이대며 법정 재판을 하듯이 잘잘못을 가리려는 태도다. 사과하고 과실을 인정하라. 곧바로 그리고 완전하게 말이다. 고객 만족에 더해서 '플러스알파'를 한다. 오직 그런 다음에야 고객에게 요구가 아닌 부탁으로서 물을 수 있다. 헐뜯는 내용을 고치거나 혹시 내려줄 수 있겠냐고.

소셜미디어 불량고객과 스트라이샌드 효과

누군가 온라인에서 당신의 회사를 공격한다면 변호사를 부르고 싶을 수 있다. 내 전문 분야는 비즈니스지 법률이 아니다. 심지어 법률 영화나 드라마도 안 본다. 이런 내가 변호사를 부르지 말라고 만류할 자격은 없다. 하지만 내 경험에 비추어보면 이렇다. 당신의 기분을 잡치게 한 불량고객에게 법적인 위협을 가하는 것은 고객 불만 대응 전략으로서는 빵점이다. 두 가지 이유다.

먼저, SLAPP 즉 '전략적 봉쇄 소송Strategic Lawsuit Against Public Participation'이상대에게 법적 방어를 위한 금전적, 시간적 부담을 지우고 정신적 고통을 줌으로써 비판이나 반대의 의지를 꺾고 침묵을 강요하는 소송. 우리나라에서는 미국산 소고기 수입업자들이 배우 김민선 씨에 대해 손해 배상을 청구한 소송이 대표적이디은 불법일 가능성이 있다. 여기서 '전략적'이란 말의 의미는 소송의 목적이 승소에 있지 않다는 거다. 비판자의 입을 틀어막고 다른 비판자의 기를 꺾는 것이 소송의 목적이다. SLAPP는 미국 스물여섯 개 주와 다른 예닐곱 개 국가에서 불법이다. 이런 SLAPP 제한 법률은 원래 '약자'의 자유로운 발언권을 보호하기 위해서 고안되었지만, 옐프나 구글 플레이스 같은 강자의 손아귀 안에서 이것은 때때로 망나니 칼자루가 되어 오히려 또 다른 '약자'인 영세 자영업자의 숨통을 끊어놓기도 한다.

각설하고, 나는 법률적 대응의 자제를 당부한다. 설령 골치 아픈 법정 싸움 없이 일을 끝냈거나 법률 비용이 크게 부담되지 않는다고 해도, 고객을 위협하는 이러한 접근법은 결국 누워서 침 뱉기로 끝날 공산이 크다. 시끄럽게 법적 대응을 하는 동안에 세간의 지나친 관심을 끌기 때문이다. 이러한 경우를 설명하는 용어까지 있다. '스트라이샌드 효과Streisand Effect'라는 말을 들어본 적 있는가? (미국의 유명 가수) 바브라 스트라이샌드의 이름을 딴 것이다. 사건은 그녀가 한 사진작가를 고소한 데서 시작되었다. 캘리포니아 해안선을 사진으로 기록하는 '캘리포니아 해안 기록 프로젝트www.californiacoastline.org'에서 자신의 저택이 나온 사진의 삭제를 요구하였지만 받아들여지지 않자 그런 일을 저지른 것이다. 분노한 사진작가는 자신의 모든 능력을 다해서 해당 사진을 널리 유포하였다. 가만 놔뒀으면 아무도 관심 없었을 사진을 세상이 다 보게 만든 전략적 실수였다.

법적 대응을 삼가야 하는 또 다른 이유가 있다. 고객에 대한 위협은 피해 회복에 아무런 도움도 안 된다는 거다. 일부러 바브라 스트라이샌드가 될 필요는 없다. 고집불통의 사진작가와 소송을 해야 할 이유도 없다. SLAPP 소송의 후폭풍을 맞을 까닭은 더더욱 없다. 다음은 어느 레스토랑 손님이 법률적 위협을 당하고 나서 웃기지 말라면서 빈정대며 쓴 '철회 글'이다. 고객에 대한 위협이 이런 반응을 부른다면 당신의 비즈니스에 일말이나마 도움이 될까? (이 글에서 레스토랑 이름과 자세한 음식 설명은 수정하였다. 하지만 옐프에서 이 같은 배려는 바랄 수는 없다.)

지난 3월 3일 나는 이 웹사이트에 레스토랑 방문 후기 하나를 올렸다. 그리고 일주일이 지나서 '서레너티 카페'를 대변하는 변호사로부터 고소하겠다는 협박을 받았다. 내가 언급한 두 가지가 입증불가능하다는 이유였다. …… 이 문제를 평화적으로 해결하기 위해서 나는 지금 변호사가 서면으로 요구한 일련의 행동을 따르고 있다.

1. 포스팅 내용을 철회할 것 – 아래는 내 '철회 글'이다.
2. 포스팅을 내릴 것 – 포스팅을 아래 '철회 글'로 대체한다.
3. '서레너티 카페'를 비방하는 언급을 하지 말 것.

7월 6일자 '철회 글' 포스팅은 '서레너티 카페'를 대상으로 한다:

악의적인 의도로 후기를 쓰지는 않았다. …… 하지만 되돌아 보건데 나는 다음과 같이 썼어야만 했다. "낚시로 잡은 무지개 송어에서 양식 송어의 맛이 났다고 생각했다. 왜냐하면 풍미가 거의 없었기 때문이다. 생선의 모습 역시 양식 송어로 보였는데 색깔이 자연산과는 다르고 살이 떡떡했기 때문이다. 자연산 송어였겠지만 냉장고에 너무 오래 있었던 것 같다. ……"

제4원칙: 온라인 불만 고객과 전화 통화를 한다 (허락을 받고)

먼저 주의사항이 있다. 일반적으로 고객은 자신이 처음 사용했던 연락 방식을 통해서만 연락이 올 거라고 예상한다는 사실이다. 신규 고객이거나 단골이 아니라면 더욱 그렇다. 아마존 마켓플레이스Amazon Marketplace|아마존의 정찰제 중고 장터|의 영세 상인을 예로 들어보자. 그들이 온라인 판매 과정에서 알게 된 고객의 전화번호로 전화를 건다면, 설령 고객이 값싸게 구입한 카메라 배터리에 대한 무척 친절한 후속 안내라고 할지라도 고객은 놀라서 당황할 것이다.

하지만 이메일이나 트위터 DM|다이렉트 메시지, 일종의 쪽지 기능|을 통해 고객에게 전화 통화에 대한 동의를 구할 수 있는 경우라면 전화는 소셜미디어 포스팅 때문에 불거진 긴장을 풀어주는 훌륭한 도구가 될 수 있다. 전화 통화에서는 (말의 음색과 빠르기, 억양 같은) 감정적 힌트가 유용하게 작용한다. 키보드로는 나타내기 힘든 정보이다. 고객도 연이은 온라인 포스팅이 결국 전화를 통한 목소리 교환이라는 구식의 방법으로 마무리된 것에 대해 큰 만족감을 나타낼 공산이 크다. 단순한 전화의 힘은 결코 단순하지 않다. 개

인과 개인을 곧바로 연결한다. 고객과의 분쟁을 개인적 차원에서 해결하는데 이보다 나은 도구는 아마도 없을 것이다. 운이 따라주어서 고객이 만족하는 선에서 문제를 잘 해결한다면, 이제는 훨씬 더 넓은 소셜미디어 광장으로 나가서 행복한 결론을 모두에게 말해줄 수 있다.

제5원칙: 사람들이 보기에 좋은 결과물을 내걸어라

불평 고객과 직접 접촉하여 일을 잘 마무리하였다면 (정말로 일이 잘 마무리되었다면) 부정적 내용의 트윗을 지워줄 것을 정중히 부탁해본다. 글 삭제 기능이 없는 게시판이라면 만족스러운 후속 결과를 언급해줄 수 있는지 묻는다. 불평 고객 상당수가 기꺼이 수고를 감내할 것이다. 물론, 후속 포스팅을 쓸 동기부여가 필요할 테다. 당신이 보여준 화해나 문제 해결의 시도가 만족스럽다면 불평 고객도 자신의 무기를 거둔다. 다만, 부탁을 너무 빨리 해서는 안 된다. 종용하지도 않는다. 꾸준히 묻는 건 괜찮다. 요구를 하면 안 된다. 불만을 털어버린 고객의 선한 본성에 호소한다.

제6원칙: 소셜미디어와 이메일을 사용해서 고객의 가치를 높여라

고객이 스스로 존중받는다고 느끼는 것이 고객서비스의 거의 모든 것에 있어서 핵심이다. 소셜미디어도 마찬가지다. 다음을 참고한다.

- 누군가가 트위터에서 당신을 팔로하거나, 페이스북에서 '좋아요'를 누르거나, 구글플러스Google+의 '서클'에 추가하거나, 혹은 다른 매체에서 이에 상응하는 반응을 보였다면 그에게 감사를 표한다. 그리고 정책적으로

상대를 '맞팔'하거나 '좋아요'를 눌러준다. 이 업무가 너무 방대해지지 않으려면 트위터 클라이언트(트위터 사용을 편하게 해주는 프로그램)를 사용하여 팔로우 상대를 선별할 수 있다.

- 누군가가 온라인에서 당신에 대해 좋은 말을 해주면 공개적으로 또 개별적으로 감사를 표한다. 타인에 대한 감사는 나에게도 일정 부분 도움이 된다. (공개적 감사 표시는 또 다른 좋은 말을 낳는다.) 개별적으로 감사할 때는 긍정적 내용의 게시글에 대한 고마움을 재차 드러낸다.

- 트위터, 페이스북, 구글플러스, 이메일 등을 사용하여 고객에게 감사를 표한다. 이것만으로도 고객서비스가 향상되며, 고객과 일대일로 접촉하며 받는 피드백은 또 다른 고객서비스 향상의 기회가 된다.

- 고객에게 지나친 부담을 주지 않는다. 회사 입장에서야 고객의 관심을 계속 받고 싶겠지만 그건 현실적이지 않다. 고객에게 메시지 폭탄을 퍼붓거나 부담감을 갖게 하는 일은 역효과를 낼 뿐이다. '언팔' '싫어요' '수신거부'를 부르는 지름길이다.

제7원칙: 모니터한다

무엇보다 우선해서 고객의 소리를 듣지 않는다면 고객서비스를 언급할 자격이 없다. 당신의 비즈니스에 관해 말해지는 모든 얘기를 빠짐없이 듣고 싶다면 다음을 참고한다.

- ‘구글 알리미Google Alert’ 기능을 폭넓게 설정하여 당신의 비즈니스에 관한 얘기가 나오면 알 수 있게 한다(google.com/alerts). 회사명과 매장명은 물론이고, 그 이름의 오탈자, 축약명, 별명 등에 더해, 사내 주요 인물의 이름과 잘못 쓴 이름까지 모니터한다. ‘구글 알리미’의 수신빈도도 ‘하루에 한 번’이 아니라 ‘수시로’로 설정한다. ‘하루에 한 번’ 보는 게 업무 집중도를 높이는 좋은 업무 습관이겠으나, ‘대형사고’(제1원칙 참조)를 막기 위해서는 하루가 완전히 경과하기 전에 문제를 빠르게 파악할 필요가 있다.

- 트위터 클라이언트 프로그램을 사용해 실시간으로 트위터를 검색한다. ‘칼럼column’(트위터 클라이언트 프로그램의 세로 분류 창)을 @트위터 아이디, 회사 이름, 회사의 주요 인물, 일반적 오탈자, 관심이 가는 해시태그 등으로 설정하고 자주 모니터한다. 여기에 더해서 규칙적으로 과거의 내용을 검색해야 한다. 이 책이 읽히는 시점에서 최고의 트위터 검색 엔진을 사용한다. (현재로서는 끝없이 긴 관련 URL을 제공하는 구글 베타 엔진이 최고이다. 구글에서 ‘Google Twitter search’로 검색한다. 트위터 공식 검색 엔진은 다소 제한적이지만 깨끗한 인터페이스가 자랑이다. 링크는 search.twitter.com이다.)

제8원칙: 고객서비스 사슬에서 소셜미디어를 튼튼한 고리로 만든다

소셜미디어를 통해서 고객을 돕고 그들과 소통하며 고객 참여를 유도한다는 계획을 세웠는가? 꼭 그렇게 해야만 하며, 그것도 제대로 해내야 한다. 어설프게 하는 건 안 하느니만 못하다. 이 점을 대수롭지 않게 여기다가 추락한 유명 기업의 이름을 쭉 나열하면 정신이 번쩍 들 것이다. 명품 백화점부터 항공사, 제조업 회사 등 다양하다.

회사의 직원들이 아무리 능력이 좋더라도 고객서비스에 대한 평가는 가장 약한 직원에 의해 결정된다. 고객 커뮤니케이션의 가장 약한 경로가 문제가 된다. 앞서 살펴본 '제7원칙: 모니터한다'도 이것과 관련되어 있다. 그리고 무엇보다도 이것을 업무 표준으로 정리하고 신경 써 관리하는 게 중요하다. 예를 들어, 사내 모든 부서가 회사의 소셜미디어 관련 사항을 (고객으로부터 처음 듣기보다는) 직접 체험하여 알고 세부사항까지 파악하게 한다. 단어의 정확한 철자나 올바른 용어 사용 같은 세세한 부분까지 주의를 기울이는 건 온라인에서도 중요하다. 소셜미디어가 다른 접촉 경로와 잘 융합하여 브랜드 관리에 차질이 없도록 한다.

요약

▶ 기술적으로 정통한 사람이 소셜미디어 고객서비스 업무를 지원할 필요가 있다. 하지만 실제로 업무의 주도권을 잡고 고객을 대하는 주체는 매일 고객서비스 실무를 담당하고 고객과의 소통을 책임진 직원이어야 한다.

▶ 소셜미디어를 비롯한 온라인에서 우려스런 문제가 터진다면 그 강도는 회사의 대응 시간에 비례해 기하급수적으로 커진다.

▶ 고객과의 언쟁은 절대로 이길 수 없다는 말을 명심해라. 온라인에서 이 법칙은 몇 배로 더 강해진다. 언쟁을 목격한 다른 고객도 함께 등을 돌리기 때문이다.

▶ '소셜미디어 랜드'에서 당신을 욕하는 이들—나는 그들을 '클릭 애송이'라고 부른다—은 즉흥적으로 그러는 것이다. 이 사실을 기억하는 게 도움이 된다. 온라인에서 당신을 공개적으로 맹비난한 다음에 그 일을 까맣게 잊는 경우도 흔하다.

▶ 화가 많이 난 고객과는 가급적 공개 논의는 피하고 일대일의 상황을 만든다. 수많은 구경꾼의 시선에서 벗어나서 고객과 직접 문제를 해결한다.

▶ 고객을 '온라인 스토킹'하는 것처럼 보이고 싶지 않다면 상식적 수준의 접촉을 시도한 다음에 공을 고객에게 넘겨 놓는다.

▶ 사람들은 대부분 자신이 사용한 연락 방식을 통해서 연락이 올 것이라고 예상한다. 신규 고객이거나 단골이 아니라면 더욱 그렇다. 하지만 이메일이나 소셜미디어를 통해서 전화 통화에 대한 허락을 구할 수 있다면 전화는 소셜미디어 포스팅 때문에 불거진 긴장을 풀어주는 훌륭한 도구가 될 수 있다.

▶ 불평 고객과 접촉하여 일을 잘 마무리한 다음에는 부정적 내용의 게시글을 지워줄 것을 (요구하지 말고) 정중히 부탁해 볼 수 있다. 글 삭제 기능이 없는 게시판이라면 만족스러운 후속 조치에 관해 써줄 수 있는지 묻는다.

▶ 고객에게 지나친 부담을 주지 않는다. 고객에게 메시지 폭탄을 퍼붓거나 부담감을 느끼게 만드는 것은 현실적으로 아무런 도움이 되지 않을뿐더러 오히려 당신의 이메일을 '수신거부'하거나 페이스북에서 '싫어요'를 누르는 역효과를 낸다.

▶ '구글 알리미' 기능을 폭넓게 설정하여 당신의 회사나 브랜드에 관한 어떤 언급이 있을 때 실시간으로 그 내용을 받아볼 수 있게 한다.

▶ 소셜미디어에 대한 대처가 다른 접촉 경로보다 못하거나, 혹은 통합을 이루지 않는다면 브랜드 명성은 추락한다.

제13장

경청의 기술

가장 중요한 기술은 당신의 귀

제1장을 시작하며 고객서비스는 '연애' 같다고 했다. 고객서비스는 평생에 걸쳐 연마해야 하는 기술이다. 더 구체적으로 얘기하자면 고객서비스 중 '경청'이라는 부분을 특히 애써서 갈고닦을 필요가 있다. 경청은 넓은 의미로 듣기와 느끼기, 해석하기, 검토하기, 이해하기 등을 포괄한다. 다시 말해, 귀를 쫑긋 세우라는 얘기다. 고객의 소리를 잘 들으려면 먼저 귀가 밝은 직원(청력 좋은 사람을 말하는 게 아니다)부터 고용해야 한다. 공감 능력(WETCO의 E)이 뛰어난 사람을 뽑으라는 의미다. 여기서부터 고객서비스의 황홀한 마법이 시작된다. 그들의 타고난 경청 능력은 상사의 지도를 통해서, 또 경청을 중시하는 기업 문화를 체득한 동료의 영향을 받으며 한층 향상될 수 있다.

유의미한 단 하나의 관점

얼마 전에 한 능숙한 호텔 매니저가 손님이 주저하며 제기한 불만을 잘 받아넘기는 장면을 목격하였다. 손님은 (직원과의 대화에 문제가 있음을 설명한 후에) 이렇게 말했다.

"물론 이 일에 대한 생각이 그 직원과 제가 다를 수 있겠지요."

매니저는 곧바로 이렇게 대답했다.

"손님의 생각이 곧 저희 생각입니다."

이것이 올바른 시선이다. 비즈니스에서 유의미한 주된 관점은 고객의 관점이다. 사업을 계속하고 싶다면 설령 그것이 십중팔구 고객의 오해에서 비롯된 잘못된 생각일지라도, 그 잘못된 생각을 듣고 느끼고 또 받아들여볼 필요가 있다. 내부인(직원)의 관점과 비즈니스가 원하는 외부인(고객)의 관점을 일치시킴으로써 향후 같은 문제를 피할 방도를 찾을 수 있다. 그러므로 이것은 해당 고객뿐 아니라 다른 고객을 위하는 일이기도 하다.

내 말을 오해 말기 바란다. 직원의 감정과 인격이 중요하지 않다는 뜻은 아니다. 반대로 직원의 감정과 인격은 엄청나게 중요한데, 그 이유는 다음과 같다.

- 직원의 감정과 인격은 직원이 고객을 대하는 방식에 영향을 미친다.

- 직원의 감정과 인격은 회사의 평판에 영향을 미친다. 하얏트 호텔은 하이터치high-touch|하이테크 즉 첨단 기술의 대극에 있는 고도의 인간적 접촉을 의미한다. 미래학자 존 나이스비트가 처음 소개한 개념| 비즈니스라고 할만하다. 그런데 보스턴에 있는 하얏트 호텔 세 곳의 경영진은 룸메이드 직원을 모두 해고

하고 외부 용역업체의 비정규직으로 대체하였다. 복지 혜택을 없애고 고용 책임을 회피하려는 의도였다. 하지만 이에 대한 반발로 보이콧 운동[1]이 벌어졌고, 무단 해고를 막는 새로운 법률[2]도 통과되었다. 이번에는 아마존닷컴 같은 하이테크 비즈니스를 떠올려 보자. 많은 고객이 아마존 사이트에 대해 상당히 우호적인 평가를 했다. 하지만 2011년 여름에 펜실베이니아 주 앨러게니 카운티에 있는 아마존 창고에서 45도 이상의 열기에 노출된 십여 명 이상의 직원이 병원 치료가 필요한 정도로 고통을 받는다는 탐사 보도가 나갔고, 그 후로 대중의 인식이 바뀌었다. 아마존 측은 큰 곤란을 겪었다. (아마존닷컴에 작업장 고열로 인한 애로에 대해 내린 조치는 '막대 아이스크림' '휴식시간 5분 연장' '열기 대응 훈련' 등이었다.)[3]

직원 역시 고객이다. 그들은 고객을 안다. 고객이 볼 수 있는 블로그 활동을 하고, 고객과 결혼도 한다. 매우 투명한 세상이다. 직원과 함께, 그리고 직원을 위해서 일해야 한다. 왜냐하면 궁극적인 고객의 관점을 만들어 갈 주인공은 다름 아닌 직원이기 때문이다. 결과물이 형편없을지, 그저 그럴지, 아주 뛰어날지는 당신 손에 달렸다.

---

1 "Hyatts Face Protests After Layoffs in Boston Area," New York Times, 2009년 9월 24일자. 다음도 참조. "Governor Threatens a Hyatt Boycott," Boston Globe, 2009년 9월 24일자; "Hundreds Attend Rally for Fired Hyatt Housekeepers—Politicians Urge Boycott of the Hotel," Boston Globe, 2009년 9월 18일자.

2 Sarah J. F. Braley, "Cambridge, Mass., Bans Hotels from Outsourcing Housekeepers," Meetings and Conventions, 2011년 10월 26일.

3 아마존닷컴이 미국직업안전위생관리국OSHA에 보낸 공문. www.scribd.com/doc/65227130/Amazon-Letter-to-OSHA.

고객 방어 구역의 S.M.A.R.T 법칙

경청의 기술을 발전시키려면 올바른 기업 문화, 올바른 인력 선별, 긍정적인 동료 압력이 필요하다. 경청의 기업 철학과 인사 문화가 완성되지 않은 상태에서는 구체적인 업무 교육을 해도 제대로 된 성과를 기대하기 힘들다. 뼈대가 완성된 다음에야 나사를 조일 수 있는 것이다.

하지만 일단 뼈대를 갖추고 나면 세부 교육은 다 살이 된다. 교육 강의와 상황별 대처 훈련은 모두 유용하다. 실제 상황을 가정한 역할 훈련은 직원의 적극성과 도전 정신을 일깨운다. 현실적 시나리오에 따른 사전 훈련이 중요한 이유 중 하나는 구체적인 문제 상황에서 어떻게 대처할 것인지 준비한다는 데 있다. 당신은 친절한 신규 인력을 고용하였다. 당신이 고용한 선임 직원도 친절한 사람들이다. 하지만 고객은 친절할 수도 있고 아닐 수도 있다. 이것은 군중을 통제할 경찰 병력이 출동하기에 앞서 도발에 대한 반복 훈련을 하는 것과 같다. 군중의 자극에 경찰은 평정심을 잃기 쉬울 것이기 때문이다. 당신의 '부대'도 현실에서 맞닥뜨릴 수 있는 다양한 고객 반응에 대해 최선의 방향으로 대응하는 훈련을 할 필요가 있다.

더 직접적으로 말해보자. 타인을 섬기는 상황과 섬겨지는 상황은 다르다. 소설 《모비 딕》에서 화자話者인 이스마엘은 선원 승선 계약서에 서명하며 이렇게 말한다.

"누가 돈을 주고 누가 돈을 받는지에 따라서 세상 모든 게 달라지지."

이러한 구조적 차이는 직원과 고객의 성격 차이, 사회경제적 지위 등에 의해 더 벌어질 수 있고, 이밖에 다른 요소들과 함께 큰 갈등으로 번지곤 한다. 그러므로 직원은 문제가 될 만한 상황을 미리 겪어보고, 유사한 경우가 발생하면 바로 행동을 취할 수 있어야 한다. (몸이 자동적으로 반응해야 한다.)

상황별 대처 연습 과정에서 반드시 염두에 두어야 할 중요한 개념이 있다. 개별 고객이 사업 성장의 기둥이라는 점이다. 고객 주위에는 개인적인 '보호 껍질'이나 눈에 보이지 않는 방어막이 쳐져 있다. 이것이 열린 상태인지 아니면 닫힌 상태인지를 직원은 잘 감지해낼 수 있어야 한다. 올바른 예측 서비스 교육을 받은 직원은 언제 고객의 보호 거품에 접근해 들어가고, 언제 그러지 말아야 할지를 예측한다. 고객은 눈에 보이지 않는 혼자만의 성역을 지키고 싶어 한다. 이러한 '고객 방어 구역'에서 취하는 대응 원칙은 다음과 같다. 머리글자를 따서 S.M.A.R.T로 정리하였다.

- **Start** (시작)

  고객과 처음 접촉한 순간부터 서비스를 시작한다. 고객과 눈을 맞추고 미소를 지으며 직접 따뜻한 고객맞이를 한다. (바쁜 업무 현장을 위한 팁: 가끔은 전화 통화나 다른 사람과 대화를 하는 중에도 이 일을 잘 해낼 수 있어야 한다. 예를 들어, 바쁜 체크아웃/리셉션 데스크의 직원은 기존 고객의 일을 처리하면서도 새로 도착한 손님에게 인사를 건네는 법을 익힌다.)

- **Message** (신호)

  고객이 주는 신호를 읽어서 어떤 순간에든 고객이 바라는 수준의 서비스를 한다. "서비스가 지금은 필요 없다"는 신호도 읽을 수 있어야 한다. 예를 들어, 손님과 직원의 눈이 마주친다면 단지 우연일 수도 있지만, 보통 손님의 시선이 직원에게 고정되어 있는 것은 도움이 필요하다는 의미다.

- Adjust (조정)

업무 속도를 개별 고객에게 맞춰 조정한다. 어떤 고객은 시간에 극도로 민감하고 다른 고객은 여유롭다. 시간에 대한 고객의 생각을 단지 얼굴만 보고 알기는 어렵다. 여기에 대한 신호는 전화 통화, 실시간 온라인 상담(채팅), 화상회의 등을 통해서 포착할 수 있다.

- Re-order (재정리)

업무 순서를 고객의 요구에 맞춰 다시 짠다. 설령 불편하더라도 말이다. 업무 매뉴얼의 노예가 되지 않아야 한다. 진정한 서비스는 업무표에 나열된 항목을 순서대로 하나씩 지워나가는 게 아니라 고객의 일정에 따르는 것이다. 고객을 다른 길로 유도하지 말고 자신이 고객의 길로 들어선다. 여기서도 경청이 열쇠다. 손님이 애인에게 프러포즈 중인데 (업무 매뉴얼을 따른다고) 결정적인 순간에 스테이크가 주문대로 구워졌는지 묻지 않는다!

- Terminate (마무리)

더 필요한 게 없다면 고객과의 접촉을 마무리함으로써 방어막을 봉합한다. 서비스 전문가는 서비스가 끝나갈 때 혹시 더 필요한 게 있는지 묻는다. 이것은 책임이다. 눈에 보이지 않는 '고객 방어 구역'을 떠나기 전에 고객에게 감사를 표현하는 멋진 방법이다. 직접 얼굴을 맞댄 상황에서는 물론이고 온라인 채팅이나 이메일 교환, 전화 통화를 할 때도 적용할 수 있다.

'전자 귀'를 달아라!

'셀프서비스' 즉 무인자동화서비스를 도입하여 고객이 직접 유용한 개인 정보를 입력하게 함으로써 업무력 향상을 꾀할 수 있다. 앞에서 이미 다룬 내용이다. 셀프서비스는 전자적 '경청'('기록'이라고 해야 할지도 모르겠다)의 좋은 예다. 오늘날 많은 고객은 셀프서비스 방식을 선호한다. 전자 셀프서비스는 오탈자를 줄이는 좋은 방법일 뿐 아니라, 이를테면 집이 비었을 때 택배 물품을 건물 뒷문의 왼쪽 아래 두라든지 하는 것 같은 회사가 자칫 실수를 하기 쉬운 아주 세세한 개인 요구 사항까지도 무리 없이 반영해 처리한다. 내 회사인 오아시스도 고객이 원한다면 언제 어디서나 '나의 계정' 메뉴에 접속하여 이러한 종류의 정보를 입력하고 업데이트할 수 있도록 시스템을 갖추어 놓았다.

전자적 경청의 또 다른 요소는 고객과의 소통 과정에 '청취 도구'를 장착하는 것이다. 다음의 사례를 참고한다.

- 설문조사는 통계 자료를 모으는 방법일뿐더러 고객 개인의 이야기를 듣고 빠르게 응답할 기회이기도 하다. 설문조사를 통한 고객서비스를 회사의 운영 철학에 반영하고, 설문조사 과정에서 이를 분명하게 드러낸다. 다시 말해, 설문조사 응답자에게 개인적 내용도 써 달라고 부탁하고 즉각적인 피드백을 약속한다. (이에 대해서는 245쪽에서 더 자세히 다룬다.)

- '자주 묻는 질문FAQ' 형태의 전자 셀프서비스와 자동 알림 메시지는 고객이 원할 때면 언제라도 실제 상담원과 연결되도록 개선한다. 다시 한번 강조한다.

- 마케팅 용도나 통계 자료를 얻는다는 목적 없이 고객에게 더 직설적인 초대장을 보내서 그들의 생각을 듣고 싶을 때도 있을 것이다. 우리 회사도 여러 해 동안 이러한 초대장을 이메일로 발송했다. 마케팅 용도의 메일에 이어서 "사장의 책상 편지"라는 제목으로 예상 고객에게 발송하는 이 이메일은 다른 어떤 용건도 없이 수신자에게 아무 얘기든 마구 해줄 것을 부탁한다.

물론 이러한 종류의 의견 교환은 주의 깊게 진행해야 한다. 참여 여부는 고객의 선택에 맡긴다. 가장 중요한 건 고객이 보낸 답변 이메일을 반드시 당신이 직접 받아보아야 한다는 점이다. (나도 그렇게 한다.) 그리고 그것을 읽고 답장할 준비가 되어 있어야 한다. 하지만 많은 회사가 정반대로 한다. 고객이 답장을 하면 어떻게 될까? 아무 일도 생기지 않는다. 이것은 신뢰성을 빠르게 파괴하는 방법이다.

예를 하나 들어 보자. 최근에 나는 컴퓨터의 자료를 온라인으로 백업하는 서비스를 이용해 보았다. 그쪽 회사의 예상 고객이 된 것이다. 30일 무료 사용 기간이 끝났을 때 한 통의 통지를 받았다. 데이터 스토리지 회사의 CEO 이름으로 보낸 메일이었다. 메일 제목은 "시험 사용 기간 종료. 등록 요망." 메일의 나머지 내용도 이처럼 은행 공고문을 읽는 듯한 태도와 말투였다. 나는 시험 기간이 만료되었음에도 등록을 하지 않은 구체적 이유를 설명하고, 내가 생각하는 개선 방향과 그리고 시험 고객의 등록을 이끌어낼 방법을 제안하는 답장을 보냈다. 뭐라고 답변이 왔을까? 답변은 없었다. 그들은 고객이 회사 홈페이지에 들어와서 일반적인 경로로 다시 접근할 거라는 근거 없는 추측을 하는 것 같았다. 그들이 보낸 이메일은 '청취 도구'로서 보내진 것이므로 고객이 답장을 보낼 것이라고 기대하며 귀를 열고 기다려야 했다.

컴퓨터 시스템과 인간의 서비스를 잘 결합하면 고객의 목소리를 더 잘 청취하고 예측 서비스의 마법을 만들어 낼 수 있다. 전산 체계와 인적 자원이 조화를 이루어 빠르고 솜씨 있게 운영된다면 고객은 모든 것이 잘 관리되고 있다고, 스스로 설명할 필요가 없다고, 모든 것이 예측되고 있다고 느낄 것이다. 예를 들어, 훌륭한 호텔의 기술 시스템이 이해심 있고 올바로 교육받은 직원들과 하나가 되어 작동할 때 마법이 일어난다.

얼마 전에 내 친구 한 명이 이것을 경험하였다. 기술 회사의 CEO인 그는 항상 비즈니스 여행을 다니는 사람으로, 그를 만족시키는 것은 쉽지 않은 일이다.

우리는 오후에 스위스 시골 마을의 한 호텔에 도착했어. 규모가 꽤 큰 호텔이더군. 저녁은 호텔 레스토랑에서 먹었네. 고급스런 분위기에 와인리스트도 아주 좋았어. 서비스도 좋았고. 이튿날 저녁은 나가서 다른 레스토랑에서 먹기로 했지. 그런데 그 전에 방에서 와인을 한잔 하고 싶은 거야. 룸서비스를 불렀어. 인터폰을 받은 남자 직원에게 와인 한 병을 방으로 가져와 달라고 주문했지. 그런데 그 사람이 바로 내 이름을 부르면서 이렇게 말하는 거야. "어젯밤에 드셨던 그 와인으로 하시겠습니까?" 인터폰에 뜬 방 번호로 내 이름이야 쉽게 알았겠지. 레스토랑에서 밥을 먹은 것도, 와인을 주문한 것도 알았을 거야. 하지만 그게 어떤 와인인지까지 대번에 맞추는 건 좀 놀랍더군. 객실이 150실 넘는 호텔인데다가 거의 만실이었거든.

이러한 경험은 호텔 내 타부서 직원들 사이의 밀접한 소통과 전자 메모 교환에 의해 가능했다. 보통의 조직과는 다른 업무 방식이 출중한 서비스를 만들어 낸 것이다. 내 친구가 와인리스트를 직접 살펴서 어젯밤의 와인을 찾아내고 그 와인 이름을 읽어서 주문해야 했다면 이렇게 깊은 인상을 받지는 않았을 거다. 매혹적인 인적 서비스의 경험은 직원의 서비스 정신이 최고의 업무 방식 및 기술과 어우러질 때 탄생한다.

위키와 크라우드소싱

회사에서 누가 고객서비스를 담당해야 할까?

"모두."

비슷한 질문을 다시 묻겠다. 누가 고객서비스 개선을 도와야만 할까? 이 번에도 역시 "모두"가 답이어야 하겠다. 회사 안팎의 사람들이 다 포함된다. 우리 모두는 이른바 위키Wiki[1] 세계라고 할 수 있는 곳에 살고 있다. 이 곳에서 가장 좋은 해답은 크라우드소싱(170쪽 참조)을 통해서 나온다. (예를 들어, 소수의 전문가에 의존하기보다는 관심을 가진 이들을 많이 참여시킨다.)

직원과 거래처를 포함한다면 훌륭한 출발이 될 것이다. 고객도 참여시킬 수 있다면 금상첨화다. 수백수천 개의 외부 시선이 회사가 올바른 길을 찾도록 돕는다. 당신이 쉬거나 휴가를 즐기는 동안에도 이해당사자가 '위키' 세상에서 놀라운 수준의 교양으로 당신의 지식 기반을 높일 것이다. 물론, (전산 시스템) 보안과 개인정보보호 규약이 전제되어야 한다.

---

1 여러 사람이 함께 글을 쓰고 수정하면서 콘텐츠를 지속적으로 만들어가는 웹서비스 방식. 대표적인 것으로 오픈백과사전 위키피디아가 있다.

메이택의 환골탈퇴 이야기

전자적 경청 기술이 망가진 브랜드의 회생을 도운 이야기를 살펴보자. 이번에는 메이택Maytag이다. 통탄할 뒷이야기를 먼저 들어보자. 메이택은 원래 미국을 대표하는 가전 브랜드 중 하나였다. 파란 옷을 입은 외로운 얼굴의 수리기사가 회사의 마스코트였다. 하지만 월풀에 인수되고 나서 명성은 쇠락했다. 공장은 해외로 이전했고, 서비스 문화는 좀 둔해졌다. 메이택 수리기사가 최근에 어떤 외로운 비애를 느꼈다면 그건 폭주하는 고객 불만과 온라인 항의를 피해 사무실에만 숨어 있었기 때문일 것이다.

두스dooce.com라는 유명 블로그는 다양한 주제에 걸친 재미나고 통찰력 있는 포스팅으로 열혈팬을 확보하고 있다. 이 블로그를 운영하는 헤더 B. 암스트롱도 메이택에 분노한 한 명이었다. 암스트롱은 메이택에 여러 번 전화를 걸어서 수리를 받았지만 끝내 고장 난 세탁기는 제대로 작동하지 않았다. 그녀는 마침내 메이택에 연락하여 이 모든 경험을 자신의 블로그와 트위터에 올리겠다고 경고했다. 여기에 대한 메이택 상담원의 답변이 걸작이었다.

"예, 트위터 아는데요, 별로 영향이 없습니다."

암스트롱은 자신의 수천 명 팔로워에게 '분노의 트위터질'을 시작했다.

"메이택을 절대로 사지 마세요. 반복합니다. 우리 가족에게 메이택은 악몽이었어요."[1]

하지만 이야기가 여기서 끝나지 않았다는 데서 이 회사를 칭찬할 만하

---

1 Randall Stross, "Consumer Complaints Made Easy. Maybe Too Easy," New York Times, 2011년 5월 29일자, Business 섹션, 3면.

다. 월풀/메이택은 트위터의 영향력을 절감하였다. 그래서 암스트롱의 포스
팅에 대하여 현명한 회사가 영향력 있는 비평가와 대적할 때 취할법한 조
치를 하였다. 미시건 월풀 본사의 중역인 제프 피라이노를 보내서 모든 일
을 처리하게 한 것이다.

회사는 한발 더 나아갔다. '온라인 청취 도구'라는 강력한 장기 해결책
을 마련한 것이다. 월풀은 메이택, 키친에이드, 그리고 월풀 그 자신이 포함
된 모母회사다. 그들은 비슷한 상황이 다시 닥치면 절대로 일을 키우지 않
을 요량이었다. 그리고 이 세상의 헤더 암스트롱 같은 사람들은 잠재적으
로 보면 브랜드의 절친한 친구이고, 가장 비용 효율이 높은 그룹이며, 최고
의 크라우드소싱 상품 디자이너이고, 입소문 마케팅의 가장 좋은 원천이었
다. 그래서 그들은 방어태세를 풀고 바깥 온라인 세상과 적극적으로 소통
하기 (적어도 무시하지는 않기) 시작했다.

월풀이나 아마존이 아니어도 할 수 있는 경청의 기술

월풀이나 아마존닷컴처럼 고객이 마음껏 소리칠 수 있는 '발언대'를 마련해
줌으로써 얻는 이점 중 하나는 그들이 분노로 펄펄 끓지 않도록 김을 빼준
다는 거다. 이 두 회사는 사실상 뚜껑을 없앴다. 아마존닷컴에서 파는 물건
의 어떤 점이 싫다? 곧장 아마존닷컴 사이트에 가서 무슨 얘기든 하면 된
다. 회사는 신경 쓰지 않는다. 회사가 원하는 것은 고객이 나쁜 감정을 다
쏟아버리고 홀가분한 상태로 계속 아마존닷컴의 고객으로 남는 것이다.

물론 아마존닷컴처럼 할 수 있는 회사가 많지는 않다. 상품은 많지 않아
서 하나하나가 무적 소중하다. 우리들 대다수는 월풀 브랜드만큼 용감하지

도 않다. 실수나 잘못에 대한 지적도 제11장에서 설명한 것처럼 조용히 듣고 싶다.

어쨌든 여전히 들을 필요는 있는 거다. 지금 듣지 않는다면 나중에 인터넷 전체에 퍼진 소문을 듣게 될 테니까. 월풀이나 아마존닷컴이나 아니면 이들을 모방하는 여타 기업이 감행하는 '공개 폭로' 방식이 부담스럽더라도 고객이 접촉할 수 있는 방법만큼은 적어도 널리 알려둘 필요가 있다. 웹사이트의 클릭 단추 하나가 매번 오류를 일으킨다면 이 문제를 홈페이지 고객센터나 이메일을 통해서 알려달라는 점을 고객에게 전해야 한다. PDF 형식의 사용설명서에 쓰인 말이 너무 어렵다면 PDF 문서에 적혀 있는 전화번호, 이메일 주소, 혹은 실시간 연결 기능을 통해서 상담원에게 이 점을 쉽게 말할 수 있어야 한다. 다른 시간대에 살고 있는 고객이 배송받은 물건에서 문제를 발견했을 때 즉시 연락할 수 있는 경로를 열어두어야 한다. 그게 불가능하다면 아예 다른 시간대 지역에서는 주문을 받지 않는 게 옳다.

설문조사의 지평

고객과의 소통 과정을 최대한으로 활용할 방안을 찾아보자. 많은 '청취 도구'가 두 가지 역할을 할 수 있다. 예를 들어, 설문조사가 그렇다. 설문조사에 관해선 앞에서 간략히 다루었다. 더 자세히 파헤쳐보자. 가장 먼저 던져야 하는 질문은 어떻게 하면 고객이 설문에 응하도록 하느냐는 것이다. 내가 운영하는 회사는 고객이 설문에 답변하는 만큼 자선 기부를 한다. 그리고 매년 말에 얼마나 많은 고객이 참여하여 얼마나 많은 액수를 기부하였는지를 발표한다. 이 방법은 매우 효과가 좋은 마케팅 기법이다. 설문조사에서 무엇을 물을까? 물론, 필요한 질문을 묻는다.

- 전체적인 인상을 가장 먼저 묻는다. 고객이 거래에 만족하는가? 이 질문을 어떤 식으로 묻든 상관없다. 이것이야말로 가장 먼저 알아야 할 본질이다. 왜 포괄적인 질문을 가장 먼저 물어야 할까? 아니, 가장 나중에 물어선 안 되는 이유부터 설명하자. 고객은 먼저 답변한 지엽적인 비판에 영향을 받을 것이기 때문이다. 덧붙이자면, '저희에게 만족하셨습니까?'라는 맥락의 질문은 다음과 같은 연이은 일단의 물음을 통해서 가장 잘 전달되곤 한다.
  ① 얼마나 만족하였습니까?
  ② 다시 거래하고 싶은지요?
  ③ 친구나 동료에게 저희를 추천하시겠습니까?

- 회사의 운영과 관련한 질문을 물을 때는 사내 용어를 사용하지 않는다. 질문은 항상 회사가 제공한 서비스에 대한 고객의 경험에 초점을 맞추어서 묻는다. 고객은 회사의 조직 구성이나 사용 기술에 아무런 관심이 없고, 이해하기도 힘들다는 사실을 기억하자. 그러니 "저희 회사의 IT 부서를 어떻게 생각하십니까?"라거나 "저희 케이터링 직원을 어떻게 생각하십니까?"라고 묻지 않는다. 이것은 무의미한 질문이다. 반면에 "기분을 나쁘게 하는 기술적 문제가 있었습니까?"라거나 "(케이터링 행사 후) 빈 그릇 상자를 문밖에 내놓은 지 30분 안에 수거해 갔습니까?"라는 질문은 유의미한 질문이다.

더불어, 설문조사를 통해 회사가 고객의 말에 귀 기울인다는 사실을 알게 함으로써 고객에게 자신의 마음을 드러낼 다양한 기회를 주어야 한다. (여기서 이 문제를 다루는 가장 중요한 이유가 이것이다.) 회사가 궁금한 점에 답하는 데 그치지 말고 설문조사로 고객의 마음속 이야기를 들은 다음에 고객 개인의 사정에 맞춰 다시 접근한다. 이것은 고객 한 명 한 명을 상대로 비즈니스를 키우는 가장 효율적인 방법의 하나일뿐더러 언젠가 크게 터질 수도 있는 부정적 인식의 싹을 자르는 일이기도 하다.

좋다, 전화든 설문조사든 직접 얼굴을 맞대고 듣고 있다는 걸 알았다. 그런데 고객의 답변에서 살코기를 발라내고 있는지? 이 자료로 장기적이고 전략적인 어떤 일을 하고 있지 않다면, 적어도 고객 응대 과정에서라도 활용하길 바란다. 현장의 사례를 보자. 불만에 찬 소비자의 전화를 받은 상담원은 그 문제가 자신의 해결 능력을 벗어난다면 도움을 요청한다. 그러면 다른 사람이 즉시 관여하여 재빨리 상황을 파악하고 해결을 돕는다. 시간적 요소가 중요한 제품이나 서비스라면 (이를테면, 단계적 이행 계약, 출고에 시간이 걸리는 상품, 호텔 투숙) 초기 과정에서 드러난 불만에 주의하여 그 부분을 더 신경 써서 또 문제가 생기지 않도록 한다. 훌륭한 체계와 훌륭한 경청이 어우러진 조직은 실시간 대응이라는 중요한 장점을 확보할 수 있다.

이 정보는 또한 향후 고객의 재방문이나 전화에 대비하고, 또 구매 과정을 개선하는 데에도 활용해야 한다. 다시 찾은 모든 고객에게 연속성을 부여하고, 자신이 기억되고 있다는 느낌을 확인하게끔 한다. 다시 찾은 고객이 처음부터 다시 시작한다는 느낌을 갖게 해선 절대 안 된다. 매번 다시 시작해야만 한다면 고객은 차라리 다른 회사와 다시 시작할 것이다.

정보를 적어 두고, 고객을 대하는 직원이 이것을 활용할 수 있게 하고, 나중에 고객이 이 정보를 필요로 할 때 빠르게 참고할 수 있도록 정보를 적절히 구성해 놓는 것은 예측서비스의 핵심 부분이며 훌륭한 브랜드의 핵심 기술이다. 온라인이든 오프라인이든, 첨단기술 분야이든 아니든 말이다.

그래서 고객 파일에 넣으려는 정보는 무엇인가? 해당 고객에게 중요한 것이어야 한다. 온라인에서 어떤 고객이 회사와 정보를 공유한다면 (예컨대, 온라인 호텔 예약 손님이 200자 내로 기입하는 '요청사항'을 통해서) 직원은 그 입력 내용을 언제라도 바로 활용할 수 있어야 한다. 고객이 키보드를 두드린 이유는 직원에게 할 말이 있어서다. 다시, 내 회사의 이야기를 해보자. 한 고객이 어떤 독립영화제에서 수상을 하였다. 이것은 그에게 중요한 일이다. 그렇다면 내게도 중요한 일이다. 나는 이 사실을 그의 파일에 기록해 놓았고, 그럼으로써 그 고객과 일하는 모든 직원이 직위고하를 막론하고 이 사실을 알도록 하였다.

이렇게 하면 고객을 대할 때마다 귀를 매번 다시 세우지 않아도 된다. 우수한 직원과 훌륭한 온라인 시스템, 뛰어난 셀프서비스를 마련하고 그런 다음에 정보를 올바로 짜깁기한다. 평범하지만 오래도록 해온 경청과 전자적 경청, 이것이 예측서비스의 문을 여는 열쇠다.

✳ ✳ ✳

이제, 여러분께 내 귀를 제공하려 한다. 비즈니스에서 놓치고 있는 걸 알려주길 바란다. 이 책에 비즈니스에 필요한 여러 원칙을 정리하였지만 현장의 상황은 더 당황스럽거나 당혹스러울 것이다. 그 내용을 적어 micah@micahsolomon.com으로 보내주었으면 한다. 그리고 www.micahsolomon.com을 방문하면 이 책의 내용과 관련한 사진은 물론, 더 많은 정보와 자료가 있다. 내 휴대폰으로 직접 전화를 거는 것도 환영한다.

요약

▶ 당신은 친절한 신규 인력을 고용하였다. 선임 직원들도 친절하다. 하지만 고객은 친절하지 않을 수도 있다. 직원에게 교육과 역할 훈련, 실제 상황을 가정한 모의 연습 등을 제공하라. 그럼으로써 직원은 고객 응대 현장에서 만날 수 있는 똑같은 상황을 미리 경험하고 대비할 수 있다.

▶ 직원 교육을 할 때 개별 고객이 비즈니스 성장의 기둥이라는 점을 전달해야 한다. 중요한 것은 고객을 둘러싸고 있는 개인적인 껍질이나 방어막이 언제 열리고 닫히느냐를 감지하는 능력을 키워야 한다는 점이다. 고객이 홀로 있고 싶어하는 '고객 방어 구역'에 접근하면 안되는 때와 접근해도 되는 때를 판단할 수 있어야 한다. '고객 방어 구역'의 대응 원칙은 다음과 같다.

Start (시작): 고객과 처음 접촉한 순간부터 서비스를 시작한다. 고객과 눈을 맞추고 미소를 지으며 직접 따뜻한 고객맞이를 한다.

Message (신호): 고객이 주는 신호를 읽어서 어느 순간이든 고객이 바라는 수준의 서비스를 한다. "지금 당장은 서비스가 필요 없다"는 신호도 읽을 수 있어야 한다.

Adjust (조정): 업무 속도를 개별 고객에게 맞춰 조정한다.

Re-order (정리): 불편하더라도 업무 순서를 고객의 요구에 맞춰 다시 짠다. 업무 매뉴얼의 노예가 되지 않아야 한다. 진정한 서비스는 업무표에 나열된 항목을 순서대로 하나씩 해나가는 게 아니라 고객의 일정에 따르는 것이다.

Terminate (마무리): 더 필요한 게 없다면 고객과의 접촉을 마무리함으로써 방어막을 봉합한다. 서비스 전문가는 서비스가 끝나갈 때 혹시 더 필요한 게 있는지 묻는데, 이것은 눈에 보이지 않는 '고객 방어 구역'을 떠나기 전에 고객에게 감사를 표현하는 멋진 방법이다.

▶ 고객과의 전자적 소통 과정에 '청취 도구'를 장착하는 것은 전자적 경청의 중요한 요소이다.

- 자동 안내 메시지와 '자주 묻는 질문FAQ' 형태의 전자 셀프서비스에는 실제 상담원과 연결할 수 있는 옵션을 포함하도록 강력히 권고한다.

- 온라인 설문조사는 통계 자료를 모으는 방법이기도 하지만 고객 개인의 이야기를 듣고 빠르게 응답할 기회이기도 하다.

▶ 컴퓨터 시스템과 인간의 서비스를 잘 결합하면 고객의 목소리를 더 잘 청취하고 예측 서비스의 마법을 만들어 낼 수 있다.

▶ 고객이 마음껏 소리칠 수 있는 '발언대'를 제공함으로써 얻는 이점 중 하나는 그들이 분노를 표출하여 나쁜 감정을 쏟아버릴 수 있다는 것이다.

▶ 월풀이나 아마존닷컴 같은 회사처럼 고객이 부정적 견해를 공개적으로 폭로하도록 독려하지는 않더라도 고객이 조용히 접촉할 수 있는 방법만큼은 널리 알려둘 필요가 있다.

▶ 설문조사에서 무엇을 물을까? 우선 어떤 표현을 사용하든 전체적인 인상을 묻는다. 그런 다음에 회사를 운영하는 데 있어 중요한 내용을 알아보기 위한 질문을 한다.

▶ 설문조사는 회사가 고객의 말에 귀 기울인다는 사실을 알게 함으로써 고객이 마음속 생각을 드러내도록 한다.

▶ 경청을 통해 얻어낸 자료를 장기적이고 전략적인 작업에 활용하고 있지 않다면, 적어도 고객 응대 과정에서라도 활용하라.

▶ 시간적 요소가 중요한 제품이나 서비스라면 (이를테면, 단계적 이행 계약, 출고에 시간이 걸리는 상품, 호텔 투숙 등) 초기 과정에서 드러난 불만을 기록해 두었다가 그 자료를 활용하여 적절히 대응한다.

▶ 예측서비스의 핵심은 정보를 기록하고, 고객을 대하는 직원이 이것을 언제라도 활용할 수 있게 하고, 나중에 고객이 다시 필요로 할 때 빠르게 참고할 수 있도록 적절히 구성해 놓는 것이다. 이것은 훌륭한 브랜드의 핵심 기술이기도 하다.

짜릿한 감탄의 순간을 판매하는

애플스토어를 경험하라

- 지은이: 카민 갤로
- 옮긴이: 조은경
- ISBN: 978-89-92524-45-2
- 정가: 14,800원

애플이 이룬 성공의 키워드는 '애플스토어'가 선사하는 '경험'이다!

전미 소매점 단위면적당 매출 1위, 전체 소매점 매출 평균의 17배, 상위 20개 소매점 매출 평균의 7배, 명품 브랜드 티파니 매장 2배 이상의 매출. 이처럼 최고의 매출을 올리고 있음에도 매년 90%의 성장세로 새롭게 기록을 갈아치우는 매장이 있다? 없어도 사는데 별 문제 없는데다 가격까지 비싼 전자제품을 파는 이 매장의 이름은 바로 '애플스토어'다.

《스티브 잡스 프레젠테이션의 비밀》 등의 저서로 '스티브 잡스 전문가'알려진 카민 갤로가 이번에는 애플스토어에 주목했다. 저자는 계속되는 불경기로 유명 매장도 철수하는 상황 속에서 최고의 실적을 올리고 있는 애플스토어의 비밀을 흥미롭게 분석한다. "제품 때문에 애플스토어가 성공한 거라면, 모든 제품을 갖추고 할인까지 해주는 월마트나 아마존을 놔두고 굳이 애플스토어에서 정가로 구매하는 이유를 어떻게 설명할 수 있을까요?" 애플의 소매사업 부문 사장을 역임한 론 존슨의 말이다. 카맨 갤로는 다른 이들처럼 '스티브 잡스'와 애플의 혁신적인 '제품', '디자인'에만 주목해서는 절대 애플스토어처럼 성공할 수 없다고 말한다. 애플처럼 성공하고 싶다면 애플스토어가 제공하는 '고객 경험'에 주목해야 한다고 지적한다.

이 책은 애플스토어의 성공을 제대로 분석한 최초의 책이다. 카민 갤로는 이 책을 통해 애플의 비전, 애플이 직원을 채용하는 방법, 애플의 직원교육법, 동기부여와 소통, 고객응대 매뉴얼, 애플의 서비스 5단계와 시간관리, 매장을 가꾸는 방법 등 애플스토어의 모든 것을 상세히 공개하고 있다. 그런데 《애플스토어를 경험하라》가 담고 있는 이야기들은 애플처럼 전자제품을 파는 회사에만 필요한 전략이 아니다. 판매 현장에서 일하는 사람이나 설계, 제조, 교육, 의료, 경영, 기획, 마케팅 등 사람을 상대하는 비즈니스의 최전선에서 활약하는 이들에게 유용한 지침서가 되어줄 책이다.

소셜커머스 시대, 고객의 마음을 예측하고 사로잡는 기술

하이테크 하이터치

초판 1쇄 발행 2016년 5월 15일

지은이 마이카 솔로몬
옮긴이 유영훈
펴낸이 탁연상

펴낸곳 도서출판 두드림 출판신고 제2012-000094호
주 소 서울시 영등포구 63로 7 은하 D-809
전 화 0505-707-0050
팩 스 0505-707-0051
메 일 dodream@naver.com

ISBN 978-89-92524-55-1 (13320)

이 도서의 국립중앙도서관 출판예정도서목록(CIP)은
서지정보유통지원시스템 홈페이지(http://seoji.nl.go.kr)와
국가자료공동목록시스템(http://www.nl.go.kr/kolisnet)에서 이용하실 수 있습니다.
(CIP제어번호: CIP2016011129)